京成電鉄
新京成電鉄、北総鉄道の写真記録

【中巻】
赤電登場から成田空港開港の時代

写真・文 **長谷川 明**

直線コースの線形でスピードを上げるAE-1形特急。◎実籾～八千代台　1974（昭和49）年1月

.....Contents

（特記以外の写真は著者）

津田沼車庫に並んだモハ601・モハ3273・モハ3341・モハ3501。◎津田沼車庫　1973（昭和48）年3月4日

パンフレットなど

AE形特急車
AIRPORT EXPRESS

1972　◇ 京成電鉄株式会社

客室内

この車両の室内は、豪華さよりも耐久性に重点をおき、天井は布張
おにして、室内見付を簡素で清潔に強調しています。
天井板および内張りは軽金属基板のメラミンプラスチック積層板を
使用して無塗装化をはかり、その色調は天井板をアンチックホワイ

ト、側物をチェック模様のクリームとし、仕切面にはソフトな光沢
の軽金属鋼自動引戸と木目模様のライトストライプチークを用いて
アクセントをつけています。
天井にはアクリルカバー付の蛍光灯具を二列に連続して取付け、こ

— 2 —

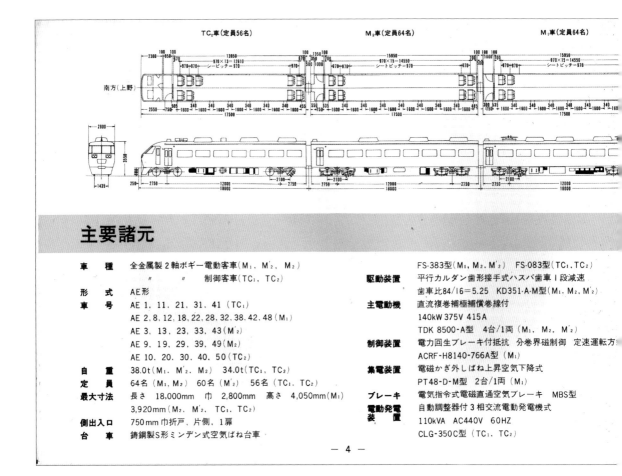

TC₂車(定員56名)　　M₂車(定員64名)　　M₁車(定員64名)

南方(上野)

主要諸元

車　種	全金属製2軸ボギー電動客車(M₁，M₂，M′₂)	駆動装置	FS-383型(M₁，M₂，M′₂)　FS-083型(TC₁，TC₂)
	〃　　〃　　制御客車(TC₁，TC₂)		平行カルダン歯形接手式ハスバ歯車1段減速
形　式	AE形		歯車比84/16＝5.25　KD351-A-M型(M₁，M₂，M′₂)
車　号	AE 1，11，21，31，41（TC₁）	主電動機	直流複巻補極補償巻線付
	AE 2，8，12，18，22，28，32，38，42，48（M₁）		140kW 375V 415A
	AE 3，13，23，33，43（M′₂）		TDK 8500-A型　4台/1両（M₁，M₂，M′₂）
	AE 9，19，29，39，49（M₂）	制御装置	電力回生ブレーキ付抵抗　分巻界磁制御　定速運転方
	AE 10，20，30，40，50（TC₂）		ACRF-H8140-766A型（M₁）
自　重	38.0t(M₁，M′₂，M₂)　34.0t(TC₁，TC₂)	集電装置	電磁かぎ外しばね上昇空気下降式
定　員	64名(M₁，M₂)　60名(M′₂)　56名(TC₁，TC₂)		PT48-D-M型　2台/1両（M₁）
最大寸法	長さ 18,000mm 巾 2,800mm 高さ 4,050mm(M₁)	ブレーキ	電気指令式電磁直通空気ブレーキ　MBS型
	3,920mm（M₂，M′₂，TC₁，TC₂）	電動発電装置	自動調整器付3相交流電動発電機式
側出入口	750mm 巾折戸，片側，1扉		110kVA　AC440V　60HZ
台　車	鋳鋼製S形ミンデン式空気ばね台車		CLG-350C型（TC₁，TC₂）

— 4 —

外観と構造について

この車両は両端に側開客車、中間に電動客車を配置した6両編成を基本とし、将来は増備車を挿入することにより8両又は10両編成で運用することができます。前面形状は視野の広い曲面ガラス部分の傾斜を横桟2段窓風上にくしぼり下部をステンレス製スカートについた近代的なデザインとなっており、側面の大型窓及び外部色の塗り

分けと相まってスピード感のある構成となっています。この車両の台枠組立は溶接全溶接構造で十分な強度と剛性を有し、なおかつ軽量化をはかっております。

車体外部色 窓部及びすそ マルーン〔マンセル8.1R 1.4/9〕
幕板及び腰部 クリーム〔マンセル5Y 9/2〕

— 1 —

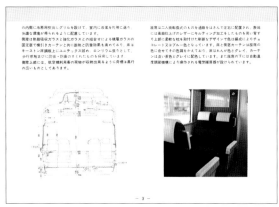

の内側に冷風両吹出しグリルを設けて、室内に冷風を均等に送り快適な環境が得られるように配置しています。

側面は熱線吸収ガラスと強化ガラスとの組合せに横構ガラスの固定窓で横引きカーテンと共に遮熱と防音効果を高めており、床はキーストン床調根上にユニテックス詰め、ロンリウム張りとし、歩行感触及び防振・防音の・くれたものを採用しています。

側窓上部には、航空機用荷物の荷物が収納出来るように荷棚は走行の広いものとしてあります。

座席は二人掛座式のものを通路をはさんで左右に配置され、表地は高級仕上げのレザーにキルティング加工をしたものを用い、背ずり上部に柔軟な枕をお取付けでデザインで色合はチョコレート又はブルー色となっています。床と側窓カーテンは座席の色に合せその色調をかえており、床はれんが色とグレイ、カーテンは濃い茶色とグレイに配色しています。また座席の下には自動温度調節機構により操作される電気暖房器が設けてあります。

— 3 —

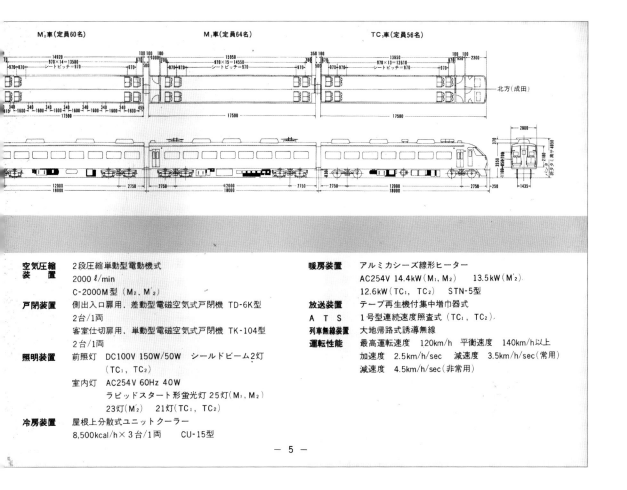

空気圧縮装置	2段圧縮単動型電動機式 2000 ℓ/min C-2000M型（M₂、M'₂）	
戸閉装置	側出入口扉用、差動型電磁空気式戸閉機 TD-6K型 2台/1両 客室仕切扉用、単動型電磁空気式戸閉機 TK-104型 2台/1両	
照明装置	前照灯　DC100V 150W/50W　シールドビーム2灯 （TC₁、TC₂） 室内灯　AC254V 60Hz 40W ラピッドスタート形蛍光灯 25灯（M₁、M₂） 23灯（M'₂）21灯（TC₁、TC₂）	
冷房装置	屋根上分散式ユニットクーラー 8,500kcal/h×3台×1両　CU-15型	
暖房装置	アルミカシーズ線形ヒーター AC254V 14.4kW（M₁、M₂）　13.5kW（M'₂） 12.6kW（TC₁、TC₂）　STN-5型	
放送装置	テープ再生機付集中増巾器式	
ＡＴＳ	1号型連続速度照査式（TC₁、TC₂）	
列車無線装置	大地帰路式誘導無線	
運転性能	最高運転速度　120km/h　平衡速度　140km/h以上 加速度　2.5km/h/sec　減速度　3.5km/h/sec（常用） 減速度　4.5km/h/sec（非常用）	

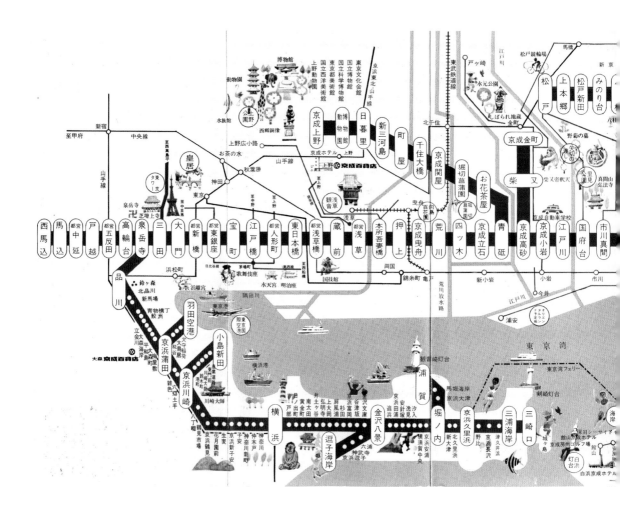

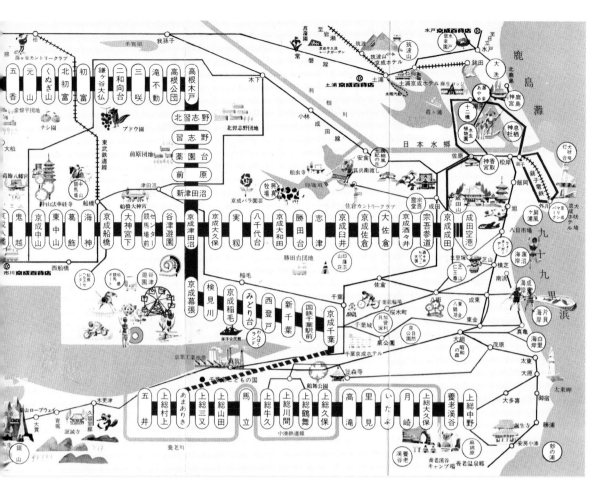

幻のさよなら運転会員券

５１０形車両さよなら運転会員券について

　昭和５５年３月３１日をもつて廃車に決定した当社最後の５１０
形車両について、鉄道フアンから惜別運転を行なつてほしいとの
要望を受けて、３月３０日に会員募集による「５１０形車両さよ
なら運転」を計画し準備を進めておりましたが、諸般の事情によ
り急きよ中止しなければなりませでした。

　この会員券は、その時、会員用３００枚と予備１００枚とを合
わせて４００枚作成しましたが、使用されることなく幻の会員券
となつたものです（４００枚限定）又同封の写真はあきらめきれ
ない鉄道フアンの方が「さよなら５１０形」というプレートを作
り、廃車前日に記念撮影を行なつたときのものです。

京 成 電 鉄 株 式 会 社

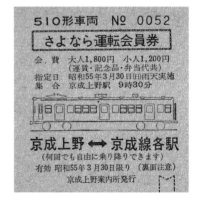

510形車両　№ 0052

さよなら運転会員券

会 費　大人1,800円　小人1,200円
　　　　（運賃・記念品・弁当代共）
指定日　昭和55年3月30日㈰雨天実施
集 合　京成上野駅　9時30分

京成上野 ⟷ 京成線各駅
（何回でも自由に乗り降りできます）
有効 昭和55年3月30日限り（裏面注意）
京成上野案内所発行

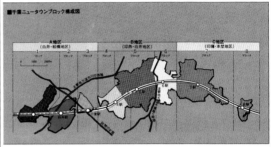

都心へ51分の新線鉄道を抱いた自立する新都市。

■千葉ニュータウンブロック構成図

新線鉄道を敷設、都心へ2ルート

都心から25〜40km圏内にありながら、鉄道をはじめとする交通幹線が不備だったため遅れていた北総地域の開発を進めるため、タウン内に新しい鉄道が2線、駅が8つ建設される予定です。

3月上旬北総開発鉄道開通

千葉ニュータウンの入居と同時に開通するこの鉄道は、北初富駅を経由して新京成線松戸駅へ乗り入れます。

西白井駅から25分で松戸駅着、地下鉄千代田線で大手町は51分、常磐線で上野は45分です。また、北初富駅経由、新京成線、京成線、津田沼駅経由で千葉へは49分です。

将来は北総開発鉄道が京成高砂駅まで伸び、京成線を経て都営地下鉄線や京成上野駅への乗り入れも計画されています。

もう一つのルート

ニュータウン内を貫くように走る北千葉線・千葉ニュータウン線も計画されています。千葉ニュータウン線は、北総開発鉄道と接続する予定で、将来は、北千葉線、国鉄総武線本八幡駅経由で都営地下鉄10号線と接続する計画です。

駅前センター
完成予想図

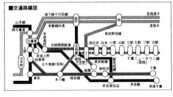

■交通路線図

7000形
HOKUSO RAPID

1979

客室内

この車両の車内配色は、外観のダイナミックなツールさと対比させて、整色系を採用しました。天井板および内壁は、アイボントーンのアルミ化粧板、緩衝貫腰は オレジン色の防炎性モケット、床にはアンツーカーの床敷物を使用しています。

これらは、遠い追憶ですとめられたスタンション、荷棚ブラケットなどと相まって、室内に華軽い変整観気をかもしだしています。全体的には、柔らかれた雰囲気に見えるように、また、アットホームな感じにするように配慮しています。

3

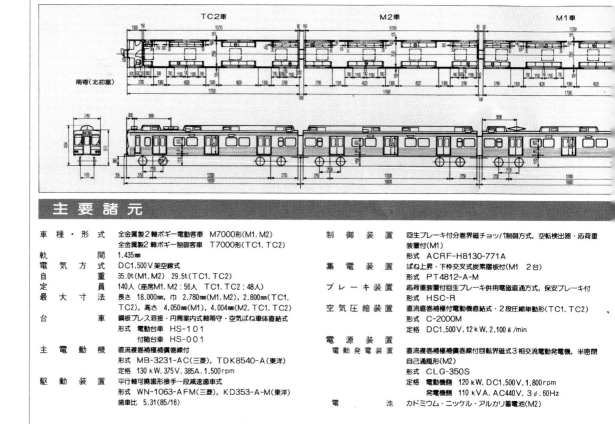

TC2車　　　　　　　　　　M2車　　　　　　　　　M1車

南寄(北初富)

主 要 諸 元

車 種 ・ 形 式	全金属製2軸ボギー電動客車　M7000形(M1,M2) 全金属製2軸ボギー制御客車　T7000形(TC1,TC2)
軌　　　　間	1,435mm
電 気 方 式	DC1,500V架空線式
自 　重	35.0t(M1,M2)　29.5t(TC1,TC2)
定　　　員	140人(座席M1,M2:56人　TC1,TC2:48人)
最 大 寸 法	長さ 18,000mm,巾 2,780mm(M1,M2),2,800mm(TC1,TC2),高さ 4,050mm(M1),4,004mm(M2,TC1,TC2)
台　　　車	鋼板プレス溶接・円筒案内式軸箱守・空気ばね車体直結式 形式　電動台車　HS-101 　　　付随台車　HS-001
主 電 動 機	直流複巻補極補償巻線付 形式　MB-3231-AC(三菱)、TDK8540-A(東洋) 定格 130kW,375V,385A,1,500rpm
駆 動 装 置	平行軸可撓歯形接手一段減速歯車式 形式　WN-1063-AFM(三菱)、KD353-A-M(東洋) 歯車比 5.31(85/16)

制 御 装 置	回生ブレーキ付分巻界磁チョッパ制御方式、空転検出器・応荷重装置付(M1) 形式　ACRF-H8130-771A
集 電 装 置	ばね上昇・下枠交叉式炭素摺板付(M1　2台) 形式　PT4812-A-M
ブレーキ装置	応荷重装置付回生ブレーキ併用電磁直通方式、保安ブレーキ付 形式　HSC-R
空気圧縮装置	直流直巻補極付電動機直結式・2段圧縮単動形(TC1,TC2) 形式　C-2000M 定格 DC1,500V,12kW,2,100ℓ/min
電 源 装 置 電 動 発 電 装 置	直流複巻補極補償巻線付回転界磁式3相交流電動発電機、半密閉自己通風形(M2) 形式　CLG-350S 定格 電動機側 120kW,DC1,500V,1,800rpm 　　　発電機側 110kVA,AC440V,3φ,60Hz
電　　　池	カドミウム・ニッケル・アルカリ蓄電池(M2)

外観と構造について

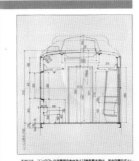

乗務員室

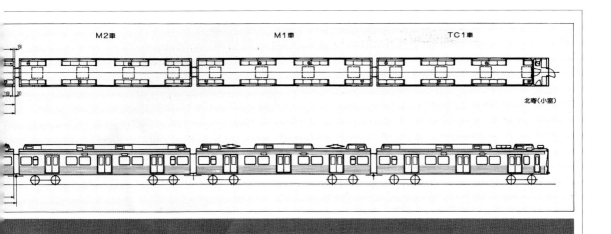

M2車　　　　　　　M1車　　　　　　　TC1車

北寄（小室）

	形式	BP40G-72		暖房装置	定格	DC100V、60W、1600r.p.m.、16㎥/min
	定格	DC100V、40AH				反射形シーズ線式アルミカヒータ　20個（M1、M2）
DC-DCコンバータ	チョッパ方式自己通風形　形式CO5-102					18個（TC1、TC2）
	定格	入力DC100V、出力DC24V（TC1、TC2）			形式	STN-18
戸閉装置	電磁空気式単気筒複動直結形・鴨居取付形Vベルト駆動式				定格	AC254V 60Hz、600W
		（各車6台）		自動列車停止装置	1号形連続速度照査式（TC1、TC2）	
	形式	Y1-E-M		列車無線装置	大地帰路誘導無線方式（TC1、TC2）	
照明装置	前照灯	AC100V、150W/50W、シールドビーム2灯			形式	YA-545
	室内灯	AC254V、60Hz、40W		放送装置	集中制御増幅器分散形、車掌用ワイヤレスマイク装置付	
		ラビッドスタート形蛍光灯　18灯（M1、M2）			増幅器、客室空中線（M2、TC1、TC2）	
		16灯（TC1、TC2）			客室スピーカ（各車6個）形式　YA-544	
	予備灯	DC100V、15W白熱灯（各車6灯）		運転性能	定格速度　43.5km/h　引張力　17,200kg	
冷房換気装置	屋根上取付分散式低騒音形ユニットクーラ（各車4台）				許容最高速度　130km/h　最高運転速度　120km/h	
	形式	CU-151			平衡速度　130km/h	
	定格	AC440V、3φ、60Hz			加速度　2.8km/s　（空車から2倍定員時まで）	
	冷房能力　10,500 kcal/h				減速度　常用　4.0km/h/s　（空車から2倍定員時まで）	
換気扇	屋根上取付分散排気式（各車4台）				非常　4.5km/h/s　（空車から2倍定員時まで）	

千葉ニュータウン線 **2000形**

1984

住宅・都市整備公団

ごあいさつ

当公園と千葉県が共同で開発を行っています千葉ニュータウンは、千葉県北西部北総台地に位置する開発面積2900ha、計画人口34万人の大プロジェクトです。今回、我が国で初めて住宅・都市整備公団の営業に、光が丘駅より松戸駅まで4km を体験することになりました。当公団で、ひらけゆくニュータウンにふさわしいデザインの新型車両を製作いたしました。

この車両は、北総開発鉄道および千葉県の電鉄線と直通運転ができる設計となっており、三社で相互乗り入れを行って、利用者が千葉ニュータウン中央駅から松戸駅まで乗り換えなしで行けるようにいたしております。さらに将来は、東京都営地下鉄への乗り入れが可能なよう トンネルの火災事故に対応し、不燃性、難燃性の材料を使用するとともに、列車内の貫通とができるよう火災度が可能な構造となっています。

車両は、軽量化の見地を考慮したセミステンレス製にし、快適な指導車が得られるように冷房装置を完備するとともに、都を大きくとり、容量を確保の低でできるとめて車内外を明るい感じにするように努めました。

また、チョッパによる界磁制御と電力回生ブレーキを併用して省エネルギーをはかっております。

最後に車両の製作にあたりまして御指導、御協力を賜りました関係各位に厚く御礼もうしあげます。

昭和59年3月 住宅・都市整備公団 総裁 大塩 洋一郎

客室内

客室内は、平天井構造で、冷房吹出口は全長にわたってラインに吹き出しとし、ラインデリア蛍光板とともに長手方向のラインを強調しさらにスッキリとした外観としました。

窓は視界を広くするため大きくとり、ニュータウンの沿線を バランスのよいスッキリとした下降窓にしました。このため、大窓2枚、小窓1枚の3枚1ユニット窓とし、両端にカーテンを取り付け、中央の小窓は熱線吸収ガラスの固定窓としてカーテンを省略しました。

客室内は、物腰成形品とし内側に断熱表面をはることにより一体感をもたせ、よりくつろげて暖かい感性のよい室内を明るい感じにしました。室内地は、化粧板を使いクリーム色、腰掛表張は茶系の暖色調を採用しすめれの2人掛けオレンジし色、4人掛をエンジとし、織色系の明るい色調で仕上めました。

T2000形(TC 2)	M2300形(2)	M2200形(M1)	M2300形(M 2)

小室寄

制御装置

この制御装置は、8台の複数電動機を4台永久直列の2群に分け 力行時は直流直列抵抗制御および弱界磁制御を行い、また、ブレーキ時は並列直列制御により広範囲の回生ブレーキを行い、回生率の向上 と空気ブレーキとの協調をはかるため補足ブレーキ付としています。制御機機には、無接点装置を多く使用し、性能および信頼性の向上 とともに、保守の軽減をはかっています。

形 式	ACRF-HB130-771A
方 式	回生ブレーキ付電動カム軸式分巻界磁チョッパ制御方式 空気横出機、応荷重装置付
制御容量	130kW×8

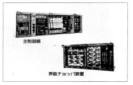

主制御器

界磁チョッパ装置

ブレーキ装置

界磁チョッパによる回生ブレーキと空気ブレーキを併用した電磁 直通ブレーキ装置で、電空演算をスムーズに行うため、高性能の演算算付を備えております。

形 式	HSC-R
方 式	応荷重装置付回生ブレーキ併用電磁直通空気ブレーキ
ブレーキの種類	電磁直通、自動、非常および保安ブレーキ

作用装置

空気圧縮機

電動機によって駆動される公称吐出量2000ℓ/minの二段圧 縮単動往復ピストン横形の空気圧縮機で、騒動、振動が少ないこと、 高さが低いこと、保守が容易なことなどの特長をもっています。

形 式	C2000L
方 式	横形・直列・3気筒
圧縮段数	2段
回 転 数	1000rpm
吐 出 量	2000ℓ/min

主電動機

主電動機は、省エネルギータイプの界磁チョッパ車用130kWの 直流複巻電動機で、信頼性の高い絶縁構造、密封軸受装置、箱形カバーなどの最新の技術を採用して、メンテナンスフリー化をはかっています。

形 式	MB-3231-AC2
方 式	直流複巻補極補償巻線付

1時間定格
出 力	130kW	電 圧	375V
電 流	385A	24A(分巻)	
回転数	1500rpm		

駆動装置

駆動装置は、回転より高く、円滑で騒音が低く、分解組立が容易な WN駆動方式を採用しています。

ギヤユニット
形 式	WN-1063-AFM
方 式	一般減速ヘリカルギヤユニット 全密閉一体容接構造
歯 車 比	85/16=5.31

カップリング
形 式	WN-2550-FR
方 式	ダブルインターナルエキスターナルギヤタイプ

台車

台車は、乗心地向上のため車体直結式の空気ばねを使用し、円筒案内式軸梁守方式としています。基礎ブレーキは、付随台は両抱き式、電動付は片抱き式とし、制輪子は高μレジン制輪子を使用しています。車輪は、低騒音化および軽量化の見地から一体圧延 打換輪を使用しています。

形 式	KHS-001（付随台車）
	KHS-101（電動台車）
軸 距	2100mm
軸 受	120mmφ 密封式つば付複列円筒ころ軸受
車 輪	860mmφ×125mm波打車輪

電動台車

外観および構造

乗務員室

通勤に適した空間の高速化を基本とし、各機器は乗務性および保守の観点からシンプルなものとしました。デザインは伸びゆくニュータウンの将来を象徴するとともに沿線の風景にも調和するものとしました。

前面形状は、前面ガラスを大きくとったシンプルな形とし視認性のよいものとするとともに前頭を丸い出しの軽快感とスピード感を強調しました。

車体は、セミステンレス車とし、その特徴を生かした外板連続ほりの初音フィルムによる彩色を使用しました。

外部色は、当社固有のカンパニーカラーである鶯色を基調に、ニュータウンにふさわしさを生かす白を配色を添えし、これと対比して独自の個性を楽しく生き生きと演出にマッチさせることとしました。また、立体マーク、シルバーシートなどの表示類には沿線のもう一つのカンパニーカラーである青色を使い、ポイントカラーとしての効果をねらいました。

乗務員室は、乗入れ他社線と共通の機器配置とするなかで、明るさと居着きが得られるように配慮し、内装色としました。運転台は、計器類の視認性をよくするため、計器盤の面を局所化し、レーダー状の目隠しの角度とし、反射光を抑え、空調機出用、応荷重装置および新幹線式ブレーキ弁を採用し、操作性の向上と安定した運転姿勢である好ましいこととしました。前面の視界はスリムなし、窓ガラスを大きくとることにより運転士の視野の向上をはかりました。

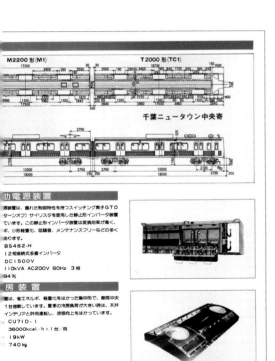

補助電源装置

電源装置は、優れた制御特性を持つスイッチング素子GTOターンオフサイリスタを使用した静止形インバータ装置を採用しています。この静止形インバータ装置は変換効率が高く、小形軽量化、低騒音、メンテナンスフリーなどの多くの利点があります。

形　式　BS482-H
　　　　12相接続式多重インバータ
入　力　DC1500V
出　力　110kVA AC200V 60Hz 3相
効　率　94%

冷房装置

冷房装置は、省エネルギ、軽量化をはかった集中形で、車両中央に1台搭載しています。夏季の冷房負荷が大きい時は、天井インテリアと併用通風し、涼房向上をはかっています。

形　式　CU71D-I
能　力　36000kcal/h×1台/両
入　力　19kW
重　量　740kg

集電装置

パンタグラフのわく組は、錆形構成で信頼性の向上と保守を少なめる耐食性の良いステンレス製としてあります。また、支え部にポリウレタンゴムブッシュを使用し耐久性の向上をはかります。巾印は防雪ゴムで支えることにより線路への追従性を高めています。

形　式　PT4312S-B-M
動作方式　電磁弁空気上昇、電磁かぎ外し式
　　　　（ばね式上昇空気下降、電磁かぎ外し付）
圧　力　5kg/cm²（動作圧4～6kg/cm²）
力　　　5.5kg（標準）

主要諸元表

項目 \ 形式	制御客車 T2000 (TC1, TC2)		電動客車 M2200 (M1)		電動客車 M2300 (M2)	
編成 小室	TC2 2001	M2 2701	M1 2601	M2 2301	M1 2201	TC1 2101 千葉ニュータウン中央
車両番号	\<小室 2001-2701-2601-2301-2201-2101 →千葉ニュータウン中央					
	2002-2702-2602-2302-2202-2102					
電気方式	DC1500V 架空線式					
自重	27.5t		34.5t		34.0t	
定員（座席）	140人（48人）		140人（56人）			
最大寸法	18000mm（連結面間長さ）×2830mm（車側灯間り）×4040mm（冷房装置上面高さ）					
	4050mm（パンタグラフ折たたみ高さ）					
加速度	2.8km/h/s（空車から2段定員まで）4M2T					
減速度	常用4.0km/h/s、非常4.5km/h/s（空車から2段定員まで）4M2T					
最高運転速度	120km/h					
台車	鋼板プレス溶接組立構造円筒案内式軸箱守空気ばね台車（空気ばね車体直結式）					
	KHS-001		KHS-101			
連結器	密着式自動連結器 CSC61	棒連結器 CSE79、密着式自動連結器 CSC61				
主電動機		直流直巻式補極補償巻線付 MB-3231-AC2				
		130kW×4/両、375V、385A、1500rpm				
駆動装置		平行可傾板形撓継手一段減速歯車式、歯車比85/16=5.31				
		ギヤユニットWN-1063-AFM、ギヤカップリングWN-2550-FR				
制御装置		回生ブレーキ付補極補償付、4象限分巻界磁チョッパ方式				
		空転検出、応荷電値検出付、ACRF-H8130-771A				
集電装置		電磁かぎ外し編ばね式上昇空気下降式 PT4312S-B-M				
制動装置	応荷重装置付四主電磁直通電磁直通空気ブレーキ、保安ブレーキ付 HSC-R					
空気圧縮機	直流直巻補極付電動機駆動式2段圧縮 単動形 C2000L DC1500V、2000ℓ/min					
SIV					GTOサイリスタ12相接続静止形インバータ BS482-H、110kVA、AC200V、60Hz、3相	
蓄電池					浮動充電式ニッケルカドミウムアルカリ蓄電池 BP40G-72、DC100V、40AH	
DC-DCコンバータ	チョッパ式 DC100V、DC24V、500VA					
戸閉装置	鋼板空気式単気味電磁器開閉連動・隅部取付 Y1-E-M					
照明装置	前灯 AC100 V150/50W×1 シールドビーム					
	室内灯 AC200V 40W×13 蛍光灯	室内灯 AC200V 40W×15 蛍光灯				
	予備灯（室内用即時）DC100V 40W×3 蛍光灯					
冷房装置	屋板上集中式クーラー天井ダクト方式 CU71D-I					
	36000kcal/h、AC200V、19kW					
換気装置	ラインデリア LD-09SA AC200V、70W×5(TC1, TC2)、70W×6 (M1, M2)					
暖房装置	反射形アルミカラー式 AC200V、600W×18 (TC1, TC2)、600W×20 (M1, M2)					
自動列車停止装置	1号形連続速度照査式					
列車無線装置	大地帰路式誘導無線					
放送装置	空気調和方式					
	集中制御独立分散形 YA-644A 客室スピーカ6個/両					
行先表示装置	動作方式 SPC-M式（多重放送）、位置検出光センサ方式 正面 CS151A、側面 CS152A、指令器 C157A					

行先表示装置

運転室窓に設けた指令器を操作することにより正面行先、側面行先表示器の一斉表示を行ないます。なお、本表示装置は、停車の位置検知にセンサを用い信頼性の向上をはかっています。

形　式　CS151A 正面行先表示器
　　　　CS152A 側面行先表示器
　　　　C157A 指令器
動作方式　SPC-M式（多重放送）
位置検出　光センサ方式

千葉ニュータウン中央

側面行先表示器　　　　指令器

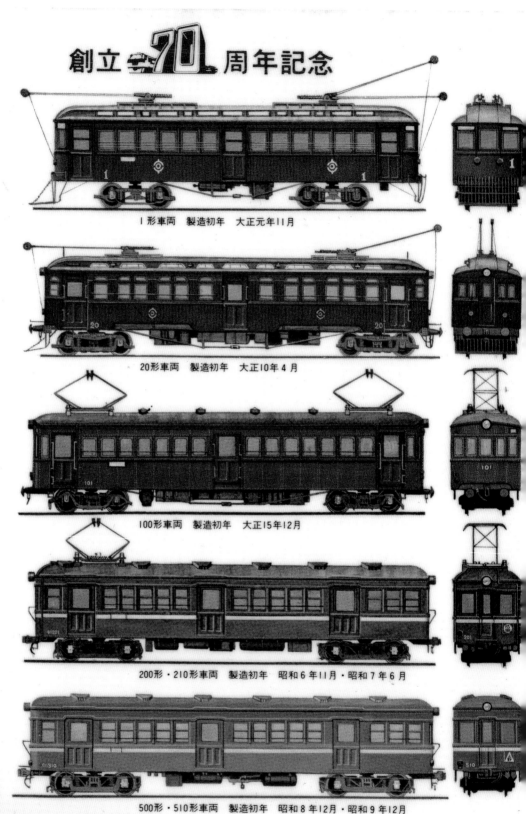

創立**70**周年記念

1形車両　製造初年　大正元年11月

20形車両　製造初年　大正10年4月

100形車両　製造初年　大正15年12月

200形・210形車両　製造初年　昭和6年11月・昭和7年6月

500形・510形車両　製造初年　昭和8年12月・昭和9年12月

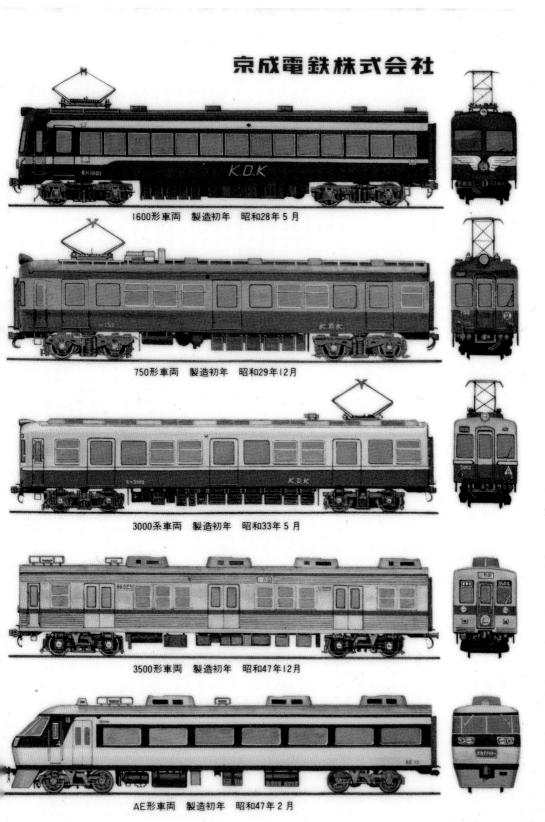

京成電鉄株式会社

1600形車両　製造初年　昭和28年5月

750形車両　製造初年　昭和29年12月

3000系車両　製造初年　昭和33年5月

3500形車両　製造初年　昭和47年12月

AE形車両　製造初年　昭和47年2月

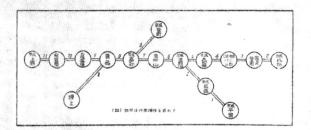

御乗客のみなさまへ　軌間変更工事のお知らせ

京成電鉄株式会社

弊社は都営地下鉄線（押上ー浅草橋ー東銀座ー新橋ー泉岳寺ー馬込に到る17.3粁）との直通運転に備え、来る10月9日夜半から軌間変更（線路巾を拡げる）工事を施行致します。

この工事は全線82.5粁の路線を11工程に分けて施行し、54日間で完成する予定であります。工事中は線路巾が2通りの区間に分かれますので、全線各駅停車の特別ダイヤで運転を致します。御乗客の皆様には、始・終車時刻の変更、乗り換え等、大変御不便、御迷惑をおかけすることと存じますが、輸送に就きましては、広軌用の新車26輌を増備して万全を期して居りますので、何卒工事の目的を御諒承の上、御協力賜ります様御願い致します。

軌間変更工程図及び工程表

工程別	実施期日	軌間変更区間	
第 1 工程	10月 9日終車後	千　葉ー幕　張	8.8粁
第 2 工程	10月13日　〃	幕張ー津田沼・成田ー宗吾参道	8.3粁
第 3 工程	10月17日　〃	宗吾参道ー佐倉・臼井中間仮駅	8粁
第 4 工程	10月20日　〃	佐倉・臼井中間仮駅ー大和田	10.5粁
第 5 工程	10月24日　〃	大和田ー津田沼	9粁
第 6 工程	10月28日　〃	津田沼ー東中山	8.1粁
第 7 工程	11月 4日　〃	東中山ー高　砂	8.9粁
第 8 工程	11月10日　〃	青　砥ー押　上	5.7粁
第 9 工程	11月16日　〃	金　町ーお花茶屋	5.3粁
第 10 工程	11月22日　〃	お花茶屋ー日暮里	7.3粁
第11A工程	11月27日　〃	日暮里ー上野下り線	2.1粁
第11B工程	12月 2日　〃	日暮里ー上野上り線	2.1粁

線路　軌間変更工事

都営地下鉄線の軌間 1.435米に合せるため、弊社の軌間（1.372米）を63粍拡げる工事で、（右図の通り）全線82.5粁を11工程に分けて施行し、54日間に完成する大工事であります。

軌間（レール幅）変更図

31.5mm　1.435m　1.372m　31.5mm

車輌　台車改造工事

軌間変更工事の工程に合せて車輌の内側距離を拡げ、ブレーキ機構を改造する工事であり、車庫以外の場所でも作業する場合が多く、大変困難を伴う工事であります。

運転　特別ダイヤによる運転

工事中は完了区間と未完了区間の2通りの線路巾となりますので、急行・準急を取止め、普通列車のみの特別ダイヤで運転を致します。又工程毎に分界駅が移動するため、着工前後の始・終車時刻を変更しなければならない事情も生じますので、その都度各駅に掲示致しますから御照会願います。

分界駅の乗り換え

分界駅では広狭2通りの列車がそれぞれ折返し運転となりますので、ここを通過する方には大変御迷惑をおかけ致しますが、御乗換えを願はなくてはなりません。

尚場所によっては、右図の様な仮ホームで御乗り換えをお願いすることになっております。

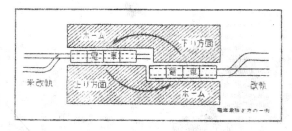

ホーム　下り方面　電　車　未改軌　電　車　上り方面　ホーム　改軌

尚詳細は最寄り駅にお問合せ願います

17

まえがき

　本書の上巻では、京成電鉄の創業から「青電」の時代と、新京成電鉄の創業から発展の時代を取り上げた。

　中巻では、京成電鉄の大きな転機となった、全国初の地下鉄との相互乗り入れ開始に備えた改軌工事、乗り入れ基準に準拠した3000系「赤電」の登場から、空港線の建設と遅れた開業、新京成電鉄の躍進、さらに北総開発鉄道開業の時代について記述したい。

　京成電鉄は、空港開業の遅れ、関連事業の不振、あいつぐ競合路線の開業もあって経営危機に陥ったが、ドラスチックな再建策を講じた結果、累積損失を解消して新たな発展の時代に向かうこととなった。新京成電鉄は、乗客の急増に伴う輸送力増強と、在来車の更新と新造車の製造による体質改善が図られた。千葉ニュータウンの足としてスタートした北総開発鉄道は、第1期工事が完成し、新京成線松戸駅への乗り入れが開始された。

　こうした動きに伴い、各社では新技術を採用した多彩な車両が登場した。これらの車両が活躍した時代の記録をお目にかけたい。

2021年11月　長谷川 明

旧宗吾参道駅本屋。その後車両基地建設に伴い改築された。◎宗吾参道　1980（昭和55）年8月

第1章
わが国初の
相互直通運転

最初の三者直通列車は1969（昭和44）年の大晦日に三浦海岸駅から京成成田に向けて運転された「招運」号だった。
◎品川　1969（昭和44）年12月31日　撮影：吉村光夫

1-01 相互乗り入れに備えて

戦前から京成の悲願だった都心乗り入れは、上野線開業で実現した。しかし戦後に通勤人口の増加から私鉄各社は相次いで山手線内側の都心乗り入れを計画し、京成も有楽町への新線を申請した。運輸審議会の答申で、帝都高速度交通営団（現・東京地下鉄）と、新たに都が建設する地下鉄と私鉄との相互乗り入れが答申された。具体的には1号線〜11号線を建設し、両端部の郊外私鉄が乗り入れを行うこととなった。これにより京成は都営1号線（現・浅草線）へ乗り入れが決定した。押上〜西馬込間の1号線は、途中の泉岳寺で品川〜泉岳寺間に新線を建設して乗り入れてくる京浜急行と接続する計画が決定した。

「三者乗り入れ協定」の成立

1957（昭和32）年8月　京成電鉄・東京都交通局・京浜急行電鉄の三者で協議の結果「三者乗り入れ協定」が決定した。内容は、軌間は標準軌1435ミリ、1,500ボルト架空線集電、車両の基準は全電動車方式、車長18メートル3扉、車幅2,700ミリ、内・外装は不燃化A-A基準による等の規格が決められた。このため京成は押上駅の地下化と、全線の軌間を1,372ミリから1435ミリの標準軌に改軌することとなった。

当初の計画では京成は東中山から都営1号線の西馬込に乗り入れ、都営車両は京成小岩から京浜川崎（現・京急川崎）まで運行するとされた。

画期的な改軌工事

大手私鉄では空前絶後の規模であり、列車の運休をせずに全列車を普通列車として、1959（昭和34）年10月9日より全線を11工区に分けて千葉・成田方からから着工し、都心側に向けて順次施工し11月30日に全線82.5キロの改軌工事を完了した。区間の長い京成佐倉〜京成臼井間には中間に「鹿島川専用乗継場」（案内では臼井・佐倉中間仮駅）を設置して施工した。

改軌された区間には新造車3050形が、鮮やかな「赤電色」をまとって走り始め、そのPR効果は絶大だった。また標準軌のFS-28台車16両分を在来車の改造用に用意した。この改軌工事には、1953（昭和28）年に行われた新京成電鉄の1067ミリから1435ミリへの改軌工事の経験が大きく寄与した。

乗り入れ車両には、「赤電色」に塗色変更された3000形と、3050形、3100形が用意された。その後は1号線の延伸に合わせて同系車がマイナーチェンジを続けながら増備された。3120形までは2両固定、3150形からは4両固定編成、3200形からは両開きドア・6M方式の採用、室内が変更された3300形まで総数258両が製造された。なお、このうち3190,3290代は特急「開運号」・不定期急行用のセミクロスシートを装備していた。

1972（昭和47）年のステンレス車3500形の登場まで製造されたこれら鋼製車両は、新しく採用された上半部モーンアイボリー（朝映えの象牙色）・下半部ファイアオレンジ（火炎の赤橙色）、境目をクロームメッキ帯で区切られたミスティラベンダー帯をまとって登場し、従来車のグリーンの濃淡の「青電」に対して、「赤電」と呼ばれて親しまれた。

モハ3000形（3001 〜 3014）

1958（昭和33）年5月日本車両製。乗り入れ規格で製造された初のM・Mユニット方式、カルダン駆動の75キロワットの全電動車方式、主制御器は東洋電機製の1C8M方式、三菱電装品・住友台車FS-318車と東洋・汽車KS 114車の2種、ブレーキは発電制動付き電磁直通ブレーキ、屋根はファンデリアによる強制通風のため二重屋根、客室窓は1000ミリ幅、前面幌は埋込み式、連結面は広幅貫通路など、多くの新機軸が盛り込まれた。

当初から改軌を見越して製造されたが、塗色は「青電色」で登場し改軌まで主に優等列車に活躍した。翌1959年に「赤電色」に変更され、応荷重装置が取付けられた。1977・1978年に更新工事が行われ、屋根の普通屋根化、前照灯のケース入り2灯化、幌の着脱式への変更、14両中10両を運転台撤去　中間電動車化等が行われた。

冷房改造を受けることなく1991（平成3）年に全車廃車、3004が宗吾基地で保存されている。

モハ3050形（3051 〜 3076）

1959（昭和34）年9月、日本車両、汽車会社、帝国車両製で、初の赤電色、あらかじめ1435ミリ台車で登場。改軌工事の進捗に合わせて、改軌済み区間か

ら運転を開始した。ヘッドライトがシールドビーム
の小型となり、応荷重装置の装備、台車はFS-329と
KS116に。その後3000形とともに二重屋根の普通屋
根化された。1976（昭和51）年から更新工事を行い、
4両固定化で半数が中間電動車化、前照灯の中央2
灯化、運転室床扛上、アンチクライマーの大型化、着
脱式幌への改造などが行われた。1970（昭和45）年
2月出場の3069・3070からファイアオレンジ色と
なる。1990（平成2）年から冷房改造に合わせて、行
き先表示器の取り付けと前照灯の前頭部振り分けが
行われた。1991（平成3）年3月に非冷房の3075・
3076が廃車され、冷房化100パーセントが達成され
た。1994（平成6）年までに全車が廃車されたが、
3067～3070はブルーに白帯の塗色となって千葉急
行にリースされ、1996（平成8）年まで使用された。

1-02　赤電時代のスタート

1960（昭和35）年12月4日都営1号線押上～浅草橋
間開業と同時に、3050・3100形2両編成で乗り入れ
を開始した。現在全国で日常的に行われている郊外
私鉄と地下鉄との「相互直通運転」は、京成電鉄・
東京都交通局の間で開始されたこれが初めてのこと
であった。東京都交通局側からは5000形2両編成が
乗り入れてきた。京成線内の当初の乗り入れ区間は
東中山だったが、間もなく京成の車両のみ京成津田
沼まで延長された。

将来の乗り入れ相手となる京浜急行が、自社線内
専用のデハ700・800・2000形などを製造したのに
対し、京成では、上野線の地下区間や地下駅の押上
駅もあることから、有料特急用を除き3050形以降の
新造車をすべて地下線乗り入れ可能な3000系とし
て、マイナーチェンジを続けながら3300形まで製造
され、3000形以降の「赤電」は258両に達した。

モハ3100形（3101～3116）

乗り入れ開始直前の1960（昭和35）年11月に、日
本車両、汽車会社、帝国車両（→東急車両）で製造。

前照灯が妻面上部に2灯振り分けに、急行灯は下
部の尾灯を切り替え式に変更された。

2次車（3121～3136）

1961（昭和36）年日本車両製、初めて空気ばね台
車を採用、中間連結器が棒連結器に、側面の社名が
K,D,KからKeiseiに変更された。3121・3122の2両
は一時期客室ドア窓が小型ガラス窓に変更されてい
た。また1996（平成8）年千葉急行にリース、1998（平
成10）年10月同社の解散による京成千原線営業譲渡
で復帰した。最後は704編成の後を受けて行商専用
車に使用され、1998年12月に廃車された。

1-03　長編成化に向けて

モハ3150形（3151～3170、3171～3190）

1次車20両は1962（昭和37）年の都営線の東銀座
駅までの延伸開業時に、4両固定編成で増備、二重
屋根を廃して普通屋根で角型通風器に変更された。
固定編成化で前面幌は着脱式に変更、蛍光灯カバー
が廃止された。1969（昭和44）年から24両に前面に
行き先表示器の取り付け、1983（昭和58）年から冷房
改造と前照灯を腰部に移設する前面改造、編成中央
部の貫通路を700ミリ化、室内化粧板の黄色化等の
工事が施工された。これにより2両単位での増結が
可能となった。1995（平成7）年3163～3170が北
総開発鉄道に、1998（平成10）年に3157、3158が千
葉急行電鉄にリースされた。

3190セミクロス車（3191～3194）

（1-4参照）

モハ3200形（3201～3220）

1964（昭和39）年10月都営1号線大門延伸用の帝
国車両・日本車両製、1,300ミリ両開き扉を初採用、
窓は3連790ミリ幅で戸袋窓廃止、運転室床面を100
ミリかさ上げ、前面を平面三つ折りに、住友製台車は

FS-361ミンデン式、汽車製台車は軸ばね式KS-121に変更。

(3221〜3224)

1964（昭和39）年11月汽車製　6M方式の試作車で、従来車の2両1ユニットで主電動機が75キロワット×8個を、100キロワット×6個として、編成で4Mから3M1Tとし編成の両先頭台車を附随台車とした。これは踏切事故による機器の損傷防止と、経済性を狙ったものだった。

(3225〜3264)

1965年・1966年　日本車両、汽車会社、帝国車両で製造した。6M車の量産型。3200形全車は1985年から冷房改造を受けた。

(3264〜3280)

1966（昭和41）年11月の増備車で、上と同じ3社で製造。編成の中間貫通路を700ミリに変更し、引き戸を設置した。

(3291〜3298セミクロス車)（1-4参照）

改造

3200形は1985（昭和60）年から冷房改造、前面改造（行き先表示器新設、前照灯を腰部に移設、貫通扉に種別表示幕取付け）。6M車を編成組み替え（4両固定15本→6両固定10本）、先頭車10両を中間車化。補助電源にSIV搭載車の相手のM1'車はパンタ2基搭載に。1992（平成4）年京急線内運転に関連して先頭車台車の前後入替工事（3295・3298を除

く）。2003（平成15）年から廃車開始、3233〜3236、3221〜3224は北総鉄道にリース7251〜7258となった。

モハ3300形

1968（昭和43）年11月都営1号線は西馬込まで全通した。この時登場したのが3300形である。

(3301〜3316)

1968（昭和43）年東急車両、日本車両、汽車会社で製造。客室腰掛袖仕切りと釣り手棒受けを一体化し、つかみ棒設置。

(3317〜3350，3353〜3356)

1969〜1972年　同じ3社で製造。台車が金属ばねのFS-329D、KS131に戻った。新製時から先頭車正面に行き先表示器を設置、ドアがステンレス製となった。

3300形で鋼製車体車両の製造を終了。1990（平成2）年に3313〜3316がクロスシート試作車（1995年まで）となったが採用せず。1984（昭和59）年から冷房改造工事、1989（平成元）年更新工事を行い1次車の空気ばね車は4連のまま、2次以降の金属ばね車38両は6両固定編成化のため、先頭車6両が中間車化された。側窓をユニット窓に交換、先頭M車の台車入れ替えを行なった。2009（平成21）年に創業100年記念列車として復元塗色3編成（青電色・赤電色・ファイアオレンジ）が運行され、2015（平成27）年2月のさよなら運転をもって全車廃車された。

3305〜3308，3313〜3316は2006（平成18）年から北総鉄道にリースされ7261〜7268となったが、2015（平成27）年3月に廃車された。

1-04 三代目「開運号」

1600形の老朽化・陳腐化の代替用と、不定期特急・急行用に、地下線乗り入れ仕様の新特急車が新造された。乗入れ協定を最大限に拡大解釈して登場し、AE形の特急使用で交代してロングシート化された。

3190セミクロス車（3191〜3194）

1963（昭和38）年11月の日車製　中央部ドア間に2組ずつのボックス式固定ロスシートを装備し、定員は立ち席で調整して一般車と同一とした。外観・

性能とも変更はない。格下げされた1500形の後を受けて「開運号」のピンチランナーに。トイレなしのため1968（昭和43）年からモハ3200形セミクロス車（3291〜3298）8両と合わせて6連2本を組み、1600形に代わって特急運用についた。1973（昭和48）年の「開運号」廃止で、ロングシート化された。

3291〜3298セミクロス車

1967（昭和42）年12月に日本車両・帝国車両で製

造、3191と同型の客室窓・片開き扉、3292と3296はトイレ付、機器の装備は他の6M車と同一だった。3191編成を組み込み6連化され三代目「開運号」として運用。AE形の登場で1973年（昭和48）ロングシートに改造された。3291〜3294は1987（昭和62）年VVVF試験車となり、中間2両に165キロワットかご型誘導電動機とインバータ1基を、3292にパンタ2基を搭載、両端の3291・3294はクハとなり、前面も前照灯と尾灯が一体の角形となった。

1600形更新車　クハ1601・モハ1602

　特急の座を降りた1600形3両は、一般車に改造された。1601・1602は京成初のアルミカーで、1968（昭和43）年帝国車両のアルミ試作車の意味も含めてクハ1601（実質サハ元モハ1601）、モハ1602（元クハ1602）に改造された。踏切事故を恐れて2両とも中間車両となった。1981（昭和56）年に704、2203と組成のためにモハ・クハを入替、モハ704＋クハ1601＋モハ1602＋クハ2203となる。当初は急行にも使用されたが、少数派のゆえに、1974（昭和49）年9月に行商電車に使用のための3連化で1601が廃車、1981（昭和56）年11月には1602も廃車されたが、同車は営業用最後の釣り掛け車だった。

　1600形は、特急専用の看板電車から通勤用へ、さらに行商専用荷電へと、数奇な運命をたどった車両だった。高性能車の試作車だった704・2203も1982（昭和57）年2月に廃車された。

クハ1603（←モハ1603）

　（上巻写真参照）

　大栄車両で普通鋼の2100形タイプの片運クハに更新、先頭に出ることなくモハ510形3連の中間に連結されていた。1976（昭和51）年12月に編成を組んでいた510形の廃車とともに廃車された。

1-05　無蓋事業用車の製造

　老朽化した木造事業用車モニ5形5の代替としてモニ10形が製造された。

モニ11・12

　1968（昭和43）年大栄車両新製、片運転台、旧210形の機器流用、荷台は中央部が山形のホッパ車。トキ2両を挟んだ4両編成でバラスト輸送にあたった。1999（平成11）年12月に廃車。

中川橋梁を渡る3200形。河川敷にはまだ自然が残る。
◎青砥〜京成高砂　1978（昭和53）年2月

京成電鉄の時刻表の推移

1924（大正13）年9月1日改正

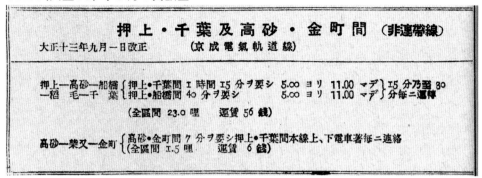

1940（昭和15）年6月1日訂補

1956（昭和31）年11月20日改正

第2章
空港線の建設

成田空港開港の延期により、出番のないまま留置されるAE形。◎宗吾車庫　1973（昭和48）年9月2日

2-01 新空港建設の閣議決定

1966(昭和41)年7月4日に「新東京国際空港」(現・成田空港)の建設が、成田市三里塚地区に閣議決定された。計画の当初の空港アクセスは、「成田新幹線」と高速バスによるとされ、在来鉄道路線による輸送は全く考慮されていなかった。しかし、京成電鉄は地域の発展と空港従事者輸送の観点から、京成成田〜成田空港ターミナル間7.2キロの新線建設を申請し、1969(昭和44)年11月に免許を取得した。けれども用地買収は、空港建設反対運動の激化で困難を極めた。さらに空港用地内の駅設置位置の決定が難航

し、やむなく空港敷地外までの5.2キロの分割工事認可を得て、突貫工事を開始した。空港用地内の認可は1971(昭和46)年3月に下りたが、ターミナルビルへの乗り入れは拒否されたため、やむなく第1期工事区域外で、第2期工事(第2ターミナル)に近い現在の東成田駅の位置に決定された。第1ターミナルビルの地下には、「成田新幹線」用の施設が途中まで建設されたが、新幹線計画の挫折でその後長い間放置されることになる。

2-02 空港線の建設

空港線起工式

1970(昭和45)年11月に京成成田駅構内で内輪の起工式を行い着工された。この時点ですでに当初の開港予定日が1971(昭和46)年10月から1年延期されていた。そこで1972(昭和47)年10月の開港を目

指して、全線7.5キロを6工区に分けて突貫工事にかかったが、工事途中でこの開港目標も絶望的となった。このため建設工事は平常ペースに戻され、1972年11月に空港線は完成した。

2-03 空港特急用AE車の新製

開港に備えて1600形以来となる新設計の特急専用車の製造も急がれた。新車両AE-1形は、当時の最新鋭技術が盛り込まれ、1600形由来のシックな塗装に包まれた流線型車体で、内装は日本車輌製が茶色系、東急車輌製が青系統と2種類があった。空港特急の愛称を全国の小・中学校生から公募し、「スカイライナー」と決定した。

AE-1形

AE 1〜8(4〜7欠番以下同じ)、AE11〜18、
AE21〜28、AE31〜38、AE41〜48、
AE51〜58、AE61〜68

1972(昭和47)年3月に4M2T 6両×5本の30両が納車され開港に備えた。

AE41〜、AE61〜は1977，1978年に増備され42両に、1990(平成2)年組み換えにより8連化された。

製造は東急車両・日本車両、普通鋼製車体で1扉、

WN駆動、界磁チョッパ制御、回生ブレーキ付電気指令式ブレーキ、定速運転装置、T形ワンハンドル制御器、下枠交差式パンタ、台車はFS-383・FS-083など京成初の技術が随所に採用された。

1953(昭和28)年にイメージチェンジのためブルーにアイボリー、赤ラインの新塗装に変更された。AE100形と交代して1993(平成5)年に全廃され、電機品・台車は一般車モハ3400形に転用された。

2-04 京成上野駅の大改良工事

　都内のターミナルである京成上野駅は、1933（昭和8）年建設の地下駅で4両ホームを一部6両ホームに改造して使用していた。「スカイライナー」の運転開始に備えて、2面4線の10両編成用ホームへの改造、駐車場、地下連絡通路、上野公園の改修という大工事で1972（昭和47）年着工、1976（昭和51）年7月に竣工した。この間1973（昭和48）年6月から12月の半年間は、日暮里〜京成上野間の運転を休止して工事が進められた。

2-05 この時代のトピック

通勤準急の運転開始

　優等列車の地下鉄線乗り入れは、1964（昭和39）年10月大門まで運転で開始された。その後都営1号線の延伸とともに区間を延ばし、列車種別も通勤急行・通勤特急に発展した。

都営1号線全通

　1968（昭和43）年6月21日に西馬込まで全通した。11月には馬込検車場が完成し、京成沿線に間借りしていた、向島検車場、高砂検車場が廃止された。

「三者相直」の完成

　京浜急行は品川〜泉岳寺間に新線を建設し、京急車が押上まで乗り入れを開始した。これにより京成・都営・京急の「三者相互乗り入れ」が完成した。

三者直通特急

　1969（昭和44）年大晦日から元日にかけて、京急車による三浦海岸発京成成田行き「招運」号2往復運転が最初の三者直通特急列車であった。1970（昭和45）年5月から年末・年始、行楽シーズンに京成車・京急車で各2〜3往復の京成成田〜三浦海岸・逗子海岸間の直通特急が運転されたが、東京都の労働問題などで1978（昭和53）年に中止された。

区間特急運転

　1971（昭和46）年10月、朝のラッシュ時に特急列車の混雑緩和のため、八千代台発東中山行き2本が特急の続行で運転された。当初は「赤電」が使用されたが、間もなく「青電」の4両編成に変更された。1985（昭和60）年10月京成佐倉発の急行に変更で消滅した。

全車高性能化

　1980（昭和55）年5月　モハ514・204・クハ2003・513の廃車により旧性能車両が全廃された。

宗吾車両基地

　1966（昭和41）年に宗吾車庫が発足した。1980（昭和55）年に宗吾車両基地の建設を開始し、1982（昭和57）年に完成した。津田沼第1工場　津田沼第2工場が移転し、京成線全車両の全般検査、重要部検査を行うとともに、北総鉄道・千葉ニュータウン鉄道の車両も受託している。

青砥〜高砂間複々線開業

　1985（昭和60）年8月に複々線化工事が完成し、最大のボトルネックが解消した。

青砥駅付近連続立体化完成

　1986（昭和61）年10月環状8号道路の関連工事で、青砥駅の立体交差化・重層化が完成し、駅の西方にあった上野・押上両線の平面交差が解消された。仮ホームを2度移転するなど、着工から実に14年を要する大工事だった。

8両編成運転開始

　1987（昭和62）年4月、通勤特急3本から順次8両編成化が進んだ。

2-06 都営線からの乗り入れ車両 5000形・5200形

東京都交通局では、乗り入れ基準に基づき、初めての高速鉄道車両として、全国の地下鉄で初の1,500ボルト架空線集電方式を採用、MMユニットオール電動車方式の5000形を製造した。車体は二重屋根、両開き扉、戸袋窓付で、塗色は上半ベージュ・下半朱色で中間にステンレス帯2本その間グレーで、偶然といわれるが京成の乗り入れ車3050形と酷似していた。急行の種別表示は前面上部の種別窓に表示したが、後年には丸型の表示板を運転室内側に掲出していた。

5000形

5001 ～ 5006	16両	2両×8本	1960年11月	
浅草橋開業用				
5017 ～ 5040	24両	2両×12本	1962年4・5月	
東日本橋延伸用				
5041 ～ 5080	40両	4両×10本	1963年1月	
大門延伸用				
5081 ～ 5108	28両	4両×7本	1968年5月	
泉岳寺延伸用				

1981(昭和56)年から更新工事と塗色変更(クリームに赤帯)が行われた。1991(平成3)年から5300形の導入開始で廃車が始まり、1995(平成7)年7月に全廃された。

5200形

5201 ～ 5206, 5207 ～ 5212 12両 6両×2本 1976(昭和51)年4月 アルナ車両製 5000形6次車として登場。セミステンレス車体、戸袋窓なし、台車は空気ばねのKD-80、冷房準備車だった。5208編成の8両化で5209・5210を組み込み、それ以外は廃車された。1988(昭和63)年冷房化され、5000形と共通運用された。1995(平成7)年7月に5000形とともに廃車。

開通時の車庫は向島検修場

京成押上線の京成曳舟～荒川間の旧向島駅跡に収容28両の検車場が設置された。車両数の増加により京成高砂車庫内に高砂検車場を設けたが、1968(昭和43)年馬込検車場の完成で移転した。

2-07 空港開港の延期が京成の経営に大打撃

成田空港の開港は、激しい反対運動により1971(昭和46)年予定から遅れに遅れて、新幹線計画の挫折、燃料油送パイプライン建設にも大きな障害となり、当初計画は縮小され4000メートル滑走路1本により、実に当初の予定から7年後の1978(昭和53)年の開港となった。空港新線や関連施設、AE -1形の新製などに多額の投資を行った京成電鉄は、投資の回収ができず、この間の設備の荒廃も加わり、経営上大きな打撃を受けた。

第3章
空港線開業に向けて

成田空港開港翌日の京成上野駅。◎京成上野　1978（昭和53）年5月

3-01 反対派による破壊活動は京成もターゲットに

　開港のめどが立たない中で1973(昭和48)年2月から乗務員の習熟運転が開始された。しかし、3月23日に吉倉橋梁の爆破事件が発生し、地下駅へのトンネル閉鎖が行われた。これから開港までの間、路盤・駅施設等は荒廃に任せることになった。1978(昭和53)年3月26日の管制塔占拠破壊事件の後、5月5日には宗吾基地で焼き打ち事件が発生しAE29が全焼した。二代目AE29は製造中の車体を転用した。開港前日の5月19日にも沿線5か所で同時多発列車妨害が発生するなど、京成も破壊活動の対象にされた。

3-02 開業に向けた再整備

　4年余り放置された線路、駅施設、車両の再整備が必要となり、苦しい経営の首をさらに絞めることとなった。開港のめどが立たないなか、AE-1形を1973(昭和48)年12月30日成田詣での「特急」として暫定使用を開始した。ノンストップ55分運転で、年末年始と1月中の休日6往復、平日3往復運転した。

3-03 空港開港延期による影響

　再三にわたる開港の延期で、1978(昭和53)年に経営は赤字に転落し無配となった。このため私鉄総連の脱退、歴史ある谷津遊園地の売却、流通事業の縮小、大量の希望退職など大掛かりな再建策が執られた。また、経費削減のため一般車の塗装変更が実施され、ファイアオレンジ一色化が行われた。

3-04 空港開港はしたものの

　1978(昭和53)年5月20日に空港は開港した。翌5月21日から「スカイライナー」が成田空港駅にむけて運転を開始した。初列車は関係者によるテープカットのみで、装飾は一切無し。乗客は95名で、成田空港駅では乗車した京成の社長以下全員が機動隊の厳しい検問を受けた。

　しかし、京成の成田空港駅は新幹線計画の優先により、不利な位置に設置された。現在の東成田駅である成田空港駅からターミナルビルへはバス連絡が必要で、「スカイライナー」の60分に加えて、列車から空港カウンターまでは約10分がさらに必要だった。このため大きな荷物を持った空港利用客から敬遠され、"成田空港は遠い"というイメージが定着する一因となった。「スカイライナー」の利用客は予想を下回り、一部列車の減便を余儀なくされた。

3-05 この時代のトピック

ブルーリボン賞受賞

　AE車は1974（昭和49）年鉄道友の会ブルーリボン賞を受賞し、8月22日に受賞式が行われた。

通勤冷房車の登場
3500形　3501〜3596

　1973（昭和48）年に初のスキンステンレスカー、通勤冷房車3500形が登場した。6M方式の4連4本を製造。1982（昭和57）年まで96両が、日本車両、東急車両、川崎重工で製造された。1980（昭和55）年東急車両製の3583〜3588は京成初のオールステンレス車だった。車体は切妻で前面は平妻、台車は従来の2社から1社となり住友S形ミンデン方式の、M車FS-389・T車FS-089、抵抗制御で主要機器・車体レイアウトは3300形に準ずる。

3500形の更新工事

　1996（平成8）年から更新（大規模改造）工事を施工したが、14編成56両で打ち切りとなった。2003（平成15）年から未更新車の廃車が始まり2017（平成29）年2月で完了、現在は更新車のみが運用。 なお、3540編成が芝山鉄道にリース中である。

鉄道友の会「ブルーリボン賞」を受賞した記念列車。
◎京成成田　1974（昭和49）年8月22日

ブルーリボン賞授賞式は盛大に開催された。◎京成成田　1974（昭和49）年8月22日

The SKYLINER is the fastest train linking the New Tokyo International Airport (Narita Airport) and downtown Tokyo (Ueno), and is also inexpensive.

The airport is about 70 km away from the heart of Tokyo, and is connected by rail (Keisei, Japanese National Railways), bus and taxi. The Keisei Railway is the most punctual and speedy of these, and its fares are low; your satisfaction is guaranteed.

Le SKYLINER est le train le plus rapide reliant le nouvel aéroport international de Tokyo (aéroport de Narita) et le centre ville de Tokyo (Ueno), et il est **également peu cher.**
L'aéroport est situé à environ 70 km du coeur de Tokyo, et il est desservi par rail (Keisei, Chemins de fer Nationaux Japonais), par car et taxi. La ligne de chemin de fer Keisei est la plus ponctuelle et rapide de tous ces moyens, ses tarifs sont peu élevés, et nous sommes certains que vous en serez entièrement satisfaits.

EL SKYLINER es el tren más rápido que conecta el aeropuerto internacional New Tokyo (Aeropuerto de Narita) y la ciudad de Tokyo (Ueno), y es además barato.
El aeropuerto está a unos 70 km de centro de Tokyo y está conectado por vía férrea (Línea Keisei, Vías Férreas Nacionales de Japón), por autobus y por taxi. La línea Keisei es la más puntual y veloz de éstas y sus tarifas son bajas de manera que nosotros tenemos confianza de que lo satisfacerán completamente.

Narita Airport Station is located underground within the airport grounds, about a 10-minute walk away from the Passenger Terminal Building. Shuttle buses go back and forth between the station and the Terminal Building. There is no need to wait to get on the bus.

La Gare de l'Aéroport de Narita est située sous terre, dans les limites de l'aéroport, à environ 10 minutes de marche de l'aérogare pour passagers. Des navettes font le va-et-vient entre la gare et l'aérogare, il n'y a donc pas d'attente.

La estación del aeropuerto de Narita está localizada en subterraneo dentro de los terrenos del aeropuerto, a unos 10 minutos a pie del

edificio del terminal de pasajeros. Los autobuses de enlace trabajan a toda hora entre la estación y el terminal de pasajeros, de manera que no hay ninguna espera.

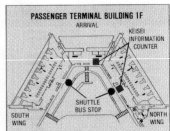

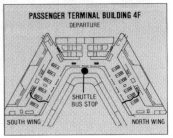

第4章
京成電鉄再建に向けて

宗吾車庫に並ぶ赤電グループ。次変化がよくわかる。3050形3062、3200形3204、3300形3348。
◎宗吾車庫　1974（昭和49）年6月

4-01 社運をかけた再建策

1974(昭和49)年から1989(平成元)年に至る15年間、京成電鉄は経営危機に陥り、社内の合理化はもとより金融機関、運輸当局の支援の下に再建策が進められた。

「イブニングライナー」の運転開始

「スカイライナー」の利用増加策として、1984(昭和59)年12月から着席通勤列車下り「イブニングライナー」の運転を開始し、好評を得た。

「モーニングライナー」の運転開始

1985(昭和60)年10月から朝間にも、上り「モーニングライナー」の運転を開始した。

210形、2100形の廃車

1988(昭和63)年3月末に「お別れ列車」を運転した。これにより旧「青電」は全廃された。

3000系速度に統一

1988(昭和63)年4月1日から全列車が高性能車となったことで、運転速度を3000系速度に統一した。

津田沼車庫に並ぶこの時代の代表車。モハ3143、クハ2109、モハ3167、AE車、モハ3581・3500。
◎津田沼車庫　1975(昭和50)年2月

改軌の光景

改軌工事で駅間距離の長い京成臼井～京成佐倉間には、乗り換え用の仮駅が設けられた。乗り換えが終わり改軌された線路の下り列車が先発し、未改軌の上り列車が間もなく発車する。◎佐倉・臼井間仮駅　1959（昭和34）年10月　撮影：大庭幸雄

乗り換え用仮駅で並ぶ新旧列車。◎佐倉・臼井中間仮駅　1959（昭和34）年10月　撮影：大庭幸雄

改軌工事の際、相対式ホームでは、構内踏切を渡って対向ホームの接続列車に乗り換えとなった。
◎京成幕張　1959（昭和34）年10月　撮影：宇野 昭

改軌工事が完了した区間を走る3050形。新鮮な塗色は改軌完成のPRに絶大な効果を果たした。二重屋根の様子がよくわかる。
◎京成幕張　1959（昭和34）年10月　撮影：宇野 昭

改軌工事の関係で乗り換え駅となった京成幕張で未改軌のモハ3014（左側）と標準軌のモハ3074（右側）。改軌工事は成田、千葉側から都心側に向けて施工された。
◎京成幕張
1959（昭和34）年10月
撮影：宇野 昭

改軌中のためか工場内の左側の線路が3線となっている。
◎津田沼第二工場
1959（昭和34）年10月
撮影：宇野 昭

改軌工事たけなわの津田沼第二工場には、改軌用の車輪が並んでいる。
◎津田沼第二工場
1959（昭和34）年10月
撮影：宇野 昭

3000形

急行「護摩電」仕業に就くモハ3000形。車体は従来のモハ750形より一回り大型化され、その後の標準となった。
◎葛飾〜海神　1958（昭和33）年9月14日

地下鉄線乗り入れ規格で製造された3000形は、乗り入れ開始まで優等列車に優先使用された。
◎京成八幡〜鬼越　1960（昭和35）年2月25日

3000形は2両固定編成で、地下鉄乗り入れを前提に製造されたが、最初は「青電」塗色で登場した。
◎葛飾〜海神　1958（昭和33）年9月14日

車庫で休む赤電色となったモハ3012。屋根は改造されたが、前照灯、収納式の前幌など、原形を保っている。3000形は冷房化
されることなく廃車された。◎宗吾車庫　1974（昭和49）年6月2日

3050形

懐かしい準急マークを付けたモハ3050
形3067。
◎京成八幡～鬼越
1961（昭和36）年1月

京成千葉行きのモハ3050形3058の急行
「九十九里」号。バス連絡で蓮沼海岸
へ海水浴客を誘った。
◎青砥～京成高砂
1967（昭和42）年8月

国鉄総武本線との並行区間を行く快速列車の3000形モハ3054。◎京成津田沼～京成幕張　1972（昭和47）年7月

モハ3051先頭の特急京成成田行き、一般特急運転開始当時の種別板は丸型だった。◎八千代台〜実籾　1971（昭和46）年1月

当時、相対式の菅野駅ホームに進入する4両編成の京成千葉行き。1971（昭和46）年に島式ホームの橋上駅に改築され、さらに外環道工事で周辺の風景は一変した。◎菅野　1966（昭和41）年6月

新京成800形802と京成3050形3054。基本は共通だが屋根のカーブ、ベンチレータ、幌、前照灯、ドアガラスの大小などに違いがある。◎京成津田沼　1973（昭和48）年4月

京成八幡駅を発車した京成千葉行き列車。奥に見えるわら屋根の家の場所に今は新装なった市川市役所がある。登場間もないモハ3050形は、当時の優等列車であった「準急」に使用された。◎京成八幡〜鬼越　1960（昭和35）年2月

地平ホーム時代の京成船橋駅を発車する特急「つり電」、印旛沼などの釣り場が多かった京成電鉄は専用列車を運転した。◎京成船橋　1974（昭和49）年5月5日

原型の2＋2の3050形急行
が、八千代台駅に進入する。
駅の周辺もまだビルが見当
たらない。
◎八千代台
1971（昭和46）年1月15日

搬入直後の3050形モハ3053、
車庫の最奥部で、初めて鮮や
かな新塗装車に目を見張っ
ものだった。
◎津田沼車庫
1959（昭和34）年9月

3050形は前照灯がシールド
ビームとなり応荷重装置が付
けられた。この塗色が「赤電」
と呼ばれ永く親しまれた。
◎津田沼車庫
1959（昭和34）年9月

改軌35周年記念の復元塗装車モハ3062。最初の乗入れ用車3050形が起用された。◎柴又　1994（平成６）年10月15日

京成飛躍の元となった改軌
工事だった。「改軌35周年記
念列車」運転のポスター。
◎菅野
1994（平成6）年10月8日

改軌35周年の「記念列車」
には最初の乗り入れ用3050
形の、モハ3059～3062が「赤
電」塗装を復元して運転され
た。
◎柴又
1994（平成6）年10月15日

新しい京成色化が全車に及
んでいたこの当時、復元塗色
は乗客に懐かしさを呼び、好
評だった。
◎京成高砂
1995（平成7）年1月3日

「赤電」色に復元塗色されたモハ3062編成が、正月の京成高砂駅に停車中。
◎京成高砂　1995（平成7）年1月3日

「改軌35周年記念号」3050形3059が「うすい」行き普通列車に運用。北総線の「白井」と誤認を避けてひらがなを使用。
◎菅野〜京成八幡　1994（平成6）年10月16日

3100形

近くにあったプール「ちびっこ天国」からの帰りの人々でにぎわう旧宗吾参道駅の上りホーム。
◎宗吾参道　1980（昭和55）年8月

直線区間に入りスピードを上げる西馬込行きの急行列車。◎八千代台〜実籾　1975（昭和50）年8月

真夏の夕方、西日を受けて快走する急行の西馬込行き3100形モハ3134。◎八千代台〜実籾　1973（昭和48）年8月

押上発京成金町行きモハ3104が青砥駅を発車。引き上げ線には折り返しの東銀座行きが待機している。
◎青砥　1967（昭和42）年10月

急行「潮風」号モハ3101、当時千葉線沿線は手近な海水浴場で、「金波」号、「銀波」号など多数の臨時急行が運転された。
◎京成八幡〜鬼越　1963（昭和38）年8月

年始に運転された「迎春号」が京成高砂駅に進入する。◎京成高砂　1967（昭和42）年1月

改築前の菅野駅に停車中の
モハ3129の京成津田沼行
き、ほぼ原形を保つ。この駅
は松林に囲まれた静かな駅
だった。
◎菅野
1963（昭和38）年10月

京成津田沼駅に停車中のモ
ハ3100形3113、京成大和田行
はめくりの行先板が無かっ
た。
◎京成津田沼
1972（昭和47）年7月

三浦海岸行き特急「城ヶ島マリンパーク」
号モハ3126が八千代台駅に到着した。
◎八千代台　1970（昭和45）年4月

ドア窓が小型化されたモハ3124編成の4両固定化、冷房改造、ファイアオレンジ塗装後の姿。
◎京成高砂　1988（昭和63）年3月27日

3100形の更新車。冷房化工事に合わせて、運転台床かさ上げ、行き先・種別表示器取付、前幌が取付式になり表情が変わった。
◎東中山　1993（平成5）年9月15日

モハ3100形も4両固定編成化され、運転台の撤去で収容力が増加した。◎菅野～京成八幡　1995（平成7）年1月1日

モハ3123は窓の保護棒も撤去されている。◎京成高砂　1988（昭和63）年3月27

3150形

まだ畑や林の残る習志野原を走る3150
形。
◎実籾〜八千代台
1971（昭和46）年1月

カーブの先は八千代台駅である。急行
の京成成田行きが、ブレーキをかけな
がら進入する。
◎実籾～八千代台
1972（昭和47）年5月

京成高砂駅に停車中のモハ3162、この頃相互直通運転の区間は東中山までだった。◎京成高砂　1965（昭和40）年9月

国鉄貨物線の新金線をオーバークロスした急行「谷津」号3166と京成上野に向かう702。
◎京成高砂〜青砥　1967（昭和42）年8月

京成高砂駅に進入するモハ3159ほか4両編成の都営地下鉄線からの東中山行き。◎京成高砂　1965（昭和40）年9月

旧中川橋梁を渡る急行「谷津号」、谷津遊園は海水浴場を持つ歴史ある遊園地だったが、経営危機で閉園し売却された。
◎青砥〜京成高砂　1967（昭和42）年8月

3150形の一般車格下げ。ロングシート化され冷房改造後のモハ3194。◎青砥　1992（平成４）年１月25日

モハ3187先頭の東成田行き急行、元日で線路わきの民家には国旗がはためいている。
◎菅野～京成八幡　1995（平成7）年1月1日

8両編成の特急京成成田行きが東中山
駅を通過。最後部はモハ3166である。
◎東中山　1993（平成5）年9月15日

京成3100形3167と都営5000形5043が、地平時代の青砥駅に停車中。◎青砥　1963（昭和38）年11月

3200形

冬枯れの林間を走るこの区間、未開発
で残された貴重な緑だった。
◎実籾〜八千代台
1971（昭和46）年1月

林の間を走る４両編成の3200形京成
佐倉行き急行列車。
◎実籾〜八千代台
1971（昭和46）年１月

モハ3269が停車中の海神駅。京成中山駅と共にいにしえの面影を残している。◎海神　1974（昭和49）年1月

京成船橋駅を発車した日暮里行き特急。駅の前後には急カーブが続くが、その線形のまま高架化された。
◎京成船橋〜海神　1973（昭和48）年1月4日

特急日暮里行き、成田空港輸送に備えて、日暮里～京成上野間を半年間運休して京成上野駅大改修を行った。
◎八千代台～実籾　1973（昭和48）年2月25日

降雪の翌朝、急行新橋行きが中川橋梁に向かう。◎京成高砂～青砥　1964（昭和39）年1月

京成高砂駅に進入する混色編成。先頭
はロングシート化された3291である。
◎京成高砂　1980（昭和55）年12月

試験塗色編成との混結列車が、京急車
と並行して京成高砂駅に進入する。先
頭はモハ3212。
◎京成高砂　1993（平成５）年５月１日

モハ3280と並んだクハ3294、前面デザインの相違がよくわかる。◎京成高砂　1993（平成5）年3月6日

モハ3291〜3294はVVVF試験車となり、Tc・
M・M・Tc編成となって両端の3291、3294は
3000系初のクハ化をされた。
◎東中山　1992（平成4）年1月2日

モハ3200形3272の室内。◎千葉中央　1998（平成10）年6月

冷房改造されたモハ3200形3265。前照灯が腰部に移動、行き先・種別表示器取付で前面が大きく変化した。
◎東中山　1992（平成4）年1月2日

3200形の中間車モハ3265。更新で窓枠交換、上段窓は外から開閉可能となった。◎東中山　1993（平成5）年1月30日

赤電世代の「開運号」（3190番代・3290番代）

モハ3000系セミクロス車の室内。固定クロスシートで一般列車にも使用され、有料特急に使用時にはシートカバーがつけられた。◎京成成田　1973（昭和48）年12月27日

第2特急「まこも」号3190と3290（2両にトイレ付）形で6連2本を組み、正月、5月、9月などの多客時には増発された。◎青砥　J1963（昭和38）年11月

特急「開運号」の運用に就いたモハ3295。◎京成津田沼　1970（昭和45）年7月5日

AE-1形使用の「特急」に置き換え直前の3200形「開運号」。◎実籾〜八千代台　1973（昭和48）年12月27日

3200形特急「開運号」は1500形、1600形以来の三代目だ。◎実籾～八千代台　1973（昭和48）年３月

3300形

京成成田駅で発車を待つ3300形3348の直通特急三浦海岸行き、左は3500形3516の急行日暮里行き。
◎京成成田　1973（昭和48）年9月16日

京急への直通列車は、京急線内は「快
特」運転となり、表示幕の無い京成車
には特製の表示板が付けられた。
◎金沢八景　1970（昭和45）年5月3日

モハ3300形2次車から行き先、種別表
示器が前面に付けられ、京成名物だっ
ためくり式の表示板が消えた最初の形
式だった。
◎実籾～八千代台
1971（昭和46）年1月

宗吾参道駅を通過する臨時特急「くろしお」号、午前に京成成田を出発し午後に戻る三浦海岸発の長距離列車だった。
◎宗吾参道　1974（昭和49）年8月2日

京成津田沼駅に停車中の直通特急「逗子」号の3300形モハ3349。
◎京成津田沼　1972（昭和47）年7月

直通特急は都営地下鉄線内は各駅停車だった。「成田山」号3300形モハ3317。◎東銀座　1970（昭和45）年４月

京成成田駅を後に長躯三浦海岸に向かう臨時特急「城ヶ島・マリンパーク」号モハ3349。
◎京成成田　1973（昭和48）年９月16日

国鉄成田線をアンダークロスして間もなく終着の京成成田に到着する。◎宗吾参道～京成成田　1976（昭和51）年５月２日

青砥駅を発車した特急京成成田行き3300形モハ3318。手前は都営5000形。◎青砥　1971（昭和46）年１月

直通特急三浦海岸行き「城ヶ島・マリンパーク」号モハ3332。◎八千代台〜実籾　1971（昭和46）年1月

3300形8両編成の特急が快走する。後方は菅野駅。◎菅野〜京成八幡　1983（昭和58）年10月18日

3500形

京成初のステンレスカー3500形が築
堤上を快走する。
◎京成酒々井〜宗吾参道
1971（昭和46）年1月

オリジナルカラー帯の京成高砂行き普通列車が青砥駅を後にする。◎青砥　1976（昭和51）年3月

葛飾〜海神間を快走する3500形の4両編成の急行列車。◎葛飾〜海神　1972（昭和47）年4月

京成高砂駅に進入する3500形の京成金町行き、金町線ホームは2010年に高架化され、線内運転となった。
◎京成高砂　2005（平成17）年

荒川駅を通過中の成田空港行き急行、現在は高架・追い抜き駅となり八広駅に改称された。
◎荒川　1985（昭和60）年2月15日

初の冷房車3500形からはステンレス車体となり、従来の丸みを持った「赤電」とイメージは大きく変わった。
◎宗吾車庫　1973（昭和48）年4月

京成津田沼始発として、折り返しを待つ千葉線の京成3500形3509と新京成300形301の出会い。
◎京成津田沼　1972（昭和47）年９月

モハ3501の室内、下段窓は窓錠が廃止されて、引っ掛け式に簡略化された。◎津田沼車庫　1973（昭和48）年３月４日

特急運転60周年の記念マークを掲出した3500形3577.帯の色は赤に変更され、腰部に青帯が追加されたが、幕板部には未貼付だ。◎菅野〜京成八幡　1997（平成９）年10月

3500形、3600形ステンレス車は。鋼製車の塗色変更に伴い帯色を赤に変更。この編成は上部のみ青帯が追加された。◎東中山　1994（平成６）年

「寅さん記念列車」3500形3533。柴又駅には"男はつらいよ"の映画全作品のポスターが貼られた。
◎柴又　1996（平成8）年8月23日

3500形3553が先頭の特急運転60周年記念マークを付けた8両編成の特急。◎菅野〜京成八幡　1997（平成9）年10月11日

AE-1形

宗吾車庫に待機するAE-1形、しかし肝心の空港の開港遅れで出番がなく「開運」号を置き換える京成上野〜京成成田間の特急でこの年の末にデビューした。◎宗吾車庫　1973（昭和48）年9月2日

空港特急として製造されたAE-1形は、成田山詣での特急でスタートした。営業初日のAE車。
◎実籾〜八千代台　1973（昭和48）年12月30日

開港に備えAE-1形6連5本が用意されたが、出番がなくやむなくこの年の末に成田山詣での「特急」でデビューした。
◎宗吾車庫　1973（昭和48）年9月2日

成田空港開港翌日に運転を開始した成田空港行き「スカイライナー」の一番列車、厳戒態勢のもとで記念の装飾も一切ない。
◎市川真間〜菅野　1978（昭和53）年5月21日

AE-1形の中間車AE28。隣のAE29は1978（昭和53）年5月5日の空港反対派による放火事件で全焼した。
◎宗吾車庫　1973（昭和48）年9月2日

小・中学生からの公募で「スカイライナー」と名付けられたAE1形AE20と、京成上野行き特急モハ3324がすれ違う。
◎宗吾参道　1980（昭和55）年8月

京成佐倉駅を高速で通過する初代AE形「スカイライナー」。◎京成佐倉　1975（昭和50）年 5 月

終着京成上野に向かい、この先国鉄の線路をオーバークロスして地下線に入るスカイライナー。
◎日暮里〜博物館動物園　1974（昭和49）年 7 月

真間川の桜並木を通過する「スカイライナー」。◎京成八幡〜鬼越　1980（昭和55）年4月

日暮里を発車し、勾配を駆け上がるスカイライナー。上下線は2009（平成21）年まではこのように並んでいた。
◎日暮里〜博物館動物園　1975（昭和50）年9月

京成高砂駅に進入する塗色変更された
AE-1形「スカイライナー」。
◎京成高砂
1991（平成３）年３月10日

イメージアップ目指して塗色変更されたAE-1形「スカイライナー」。◎菅野〜京成八幡　1983（昭和58）年10月17日

後継車AE100形にその任を譲って引退するAE-1形AE78は、お別れのデコレーションで飾られた。
◎宗吾車両基地　1993（平成5）年6月27日

行商列車

八千代台駅に停車している行商列車のモハ512を撮影。列車の種別は「荷」だった。
◎八千代台　1970（昭和45）年4月

八千代台駅に進入するモハ511先頭の行商列車。◎八千代台　1970（昭和45）年４月

京成高砂駅で分割され押上線に向かう
単行の行商専用車。
◎京成高砂〜青砥
1967（昭和42）年６月

京成高砂駅で押上行き1両を開放し、2両で京成上野へ向かう行商列車。◎京成高砂～青砥　1967（昭和42）年6月

事業用車モニ10形

片運転台のモニ11と12は背中合わせに、中間に無蓋貨車を連結して運転された。荷台中央が山形のホッパー車だった。
◎東中山　1993（平成5）年6月

京成上野行きの行商列車モハ512が青砥駅に進入する。
◎青砥　1969（昭和44）年7月

都営の車両（5000形、5200形）

東京都交通局初の高速鉄道となる
1号線（現・浅草線）用5000形は、
京成の津田沼車庫に搬入された。
◎津田沼車庫
1959（昭和34）年9月

鯉のぼりの踊る小岩菖蒲園から見た江
戸川橋梁を渡る都営5000形の乗り入れ
列車。
◎国府台～江戸川
1993（平成5）年5月1日

雪晴れの朝、混色編成の急行京成佐倉行き。種別窓のほか、丸型の急行表示板が内側から掲出されている。
◎菅野〜京成八幡　1984（昭和59）年1月23日

混色の編成が荒川旧橋梁を
渡る。手前の旧塗色は京成
の「赤電」色に酷似していた。
◎四ツ木〜荒川
1987（昭和62）年5月

リニューアル工事で新色に
なった6連の列車、都営5000
形5009が荒川旧橋梁を渡る。
◎荒川〜四ツ木
1988（昭和63）年4月

浅草線開業30周年マークを
付けた都営5000形京急川崎
行きが四ツ木駅に到着する。
◎四ツ木
1990（平成2）年12月2日

京急線内の列車に運用中の都営5200形5201が八つ山橋を渡る。◎北品川〜品川　1983（昭和58）年7月25日

都営5200形のさよなら列車。5000形の最終増備車だったが同時に廃車された。
◎四ツ木〜京成立石　2006（平成18）年11月3日

京急の車両（1000形、1500形）

緑の林に京急レッドが良く似合う。◎実籾～八千代台　1971（昭和46）年 7 月25日

京急からの乗り入れ車は、当時の万能選手の初代デハ1000形
だった。羽田駅開業のマーク付きの1351が停車中。
◎京成高砂　1993（平成 5 ）年

海水浴シーズンには、京成成田からバス連絡で九十九里海岸
を目指す特急「パシフイック」号が運転された。
◎京成津田沼　1972（昭和47）年 8 月

青砥駅を発車した京急1000形1085。行先、種別、列番表示器が窓の内側についた初期型である。
◎青砥　1971（昭和46）年1月17日

京成本線を快走する京急の1000形1049「逗子」号。◎八千代台～実籾　1973（昭和48）年8月

青砥駅改築工事で折返し駅が京成小岩に変更。行先幕が無く小岩行き（京成小岩行き）きの特製行先板を付けた京急1000形。
◎青砥　1973（昭和48）年10月

京成成田から三浦海岸に向かう特急「城ヶ島・マリンパーク」号。赤い京急車は京成線内で目立つ列車だった。
◎八千代台～実籾　1970（昭和45）年8月

三浦海岸発京成成田行き直通特急は、3時間弱を要する長距離列車だった。
◎実籾～八千代台　1970（昭和45）年5月24日

直通特急「成田山」号は、京成成田到着後に宗吾車両基地に回送され、午後の運行に備えた。
◎実籾～八千代台　1970（昭和45）年8月

京急からは1500形も乗り入れて来た。押上線を走る京急線直通列車が下町葛飾区を走る。
◎京成立石～四ツ木　1992（平成4）年2月22日

地平時代の京成曳舟駅に停車中の京急1500形1713。◎京成曳舟　2004（平成16）年11月23日

第5章
新京成の体質改善と躍進

新京成8000形8507編成は、京成千葉線乗り入れ開始のラッピングが施されて、直通運転をPRした。
◎京成幕張本郷　2009（平成21）年 8 月 8 日

5-01 後追い整備の時代

新京成電鉄は、本書上巻で述べたように1953（昭和28）年に人家もまばらな下総台地に松戸への延伸を進め、1975（昭和50）年に全線複線化を果たした。その後の沿線人口増加とともに発展を続け、2021（令和3）年10月で75周年を迎えた。2006（平成18）年に京成千葉線に片乗入れを開始し、幕張新都心や県都千葉への利便性が大きく向上した。2013（平成25）年には全車両がVVVF車に。2014年新しいコーポレートカラーのジェントルピンクと新マークを採用、車体色の変更が行われた。車両・設備の近代化には目を見張るものがあり、今や首都圏交通ネットワークの重要な位置を占めるに至った

しかし、ここに至る道程には険しいものがあった。住宅公団よる大規模開発、大小デベロッパによる開発、さらに工業団地などで、急増する乗客に対応すべく京成からの転入車が続いた。また在来車の更新や改造も進み体質改善が進んだ。国鉄津田沼駅への乗り換え駅である新津田沼は、線路移設、駅前再開発等により4度の移転を繰り返した。1979（昭和54）年3月には北総開発鉄道の1期工事が完成し、新鎌ヶ谷信号所からの連絡線を経由して、北総の車両が松戸まで仮乗り入れを開始したが、1991（平成3）年3月北総鉄道の2期工事が完成し、京成高砂経由・都営浅草線・京急線乗入れの新ルートが完成し、松戸への乗り入れは廃止された。

京成車の移籍が進む

1964（昭和39）年クハ2017・2018，1966年クハ2000形が10両，1967（昭和42）年1500形4両、モハ220形4両、モハ600形2両、1975（昭和50）年　モハ700形4両、サハ2111、サハ2201、モハ500形6両、1978（昭和53）年モハ200形9両が移籍した。

モハ45・300形の更新

1962・1963年に木造の45、46（←39形）、47、48を、半鋼製3扉、パンタは偶数車後位の固定編成に鋼体化した。300形は2扉で混雑が激しいことから、45形と同型車体、全金・全室運転台に更新された。うち307はアルミカー試作車だったが、塗装されたため判別がしにくかった。これら12両はパラノッチ運転ができず低速だったことと、14㍍車体で収容力が小さいことから1977・1978年に廃車された。

126形の更新

GE型制御器グループの更新は最古参の126形から開始され、1963年にモハ5両・クハ2両が45形似の16メートルの全金車体、Mc・Tc編成となった。

モハ250・サハ550形の新造
251・552・551・252

1969（昭和44）年に京成から車両譲渡が中止されたため、京成モハ210形の高性能化改造時に発生した旧台車・電装品を用いて、東急車両で車体を新製した新京成初の新造車である。翌1970年2月に竣工、車体長17メートル、1200ミリ幅の片引き戸でドアガラスが小さくなった。

6両・8両編成の運転

新京成では1960年代から乗客が急増し、車両増備に迫られた。沿線未開発の当時、小型の単車がのんびり走る風景は一転し、編成も長くなり3、4、5両となり、1968（昭和43）年には親会社の京成より早く6両編成が登場、さらに1982（昭和57）年8両運転を開始、100形・2000形・2100形8連3本も大活躍、8800形にバトンタッチした。

5-02 初の新造車登場

1971（昭和46）年に新京成初の独自設計の新造車である、800形が登場した。新京成の車両は創業以来、京成電鉄からの譲渡車で賄われてきたが、車体のみ新造の250形を経て800・850形を新製した。

モハ800・サハ850形
モハ800　801〜818、
サハ850　851〜868
（うち855、856、859、860、865、866はクハ）

車体は日本車両製の18メートル、1M方式で1C

４Ｍ抵抗制御の多段式、ＷＮカルダン駆動。Ｍ車に主要機器、Ｔ車に補助機器を搭載、片引きの客用ドアは小型ガラス、前照灯は上部に２灯。２次車から２両固定でクハが製造されたが、４＋２の６両で使用されクハは先頭に出なかった。1970（昭和45）年からアイボリー・ブラウン帯に塗色変更された。

改造

1985（昭和60）年から冷房化とブレーキを発電制動付き電磁ブレーキ化、中間運転台撤去改造。1963（昭和38）から８連化と同時に前面改造、前照灯を腰部に、方向幕を上部に移設し、幌の位置にステンレス飾りを取り付けた。1995年Ｍ車比率強化のため編成替えで、４Ｍ２Ｔが２本、５Ｍ３Ｔが２本となりサハ８両を廃車した。2010（平成22）年７月の「さよなら運転」をもって全車が廃車された。

再び京成から譲受け車

800形と新型8000形新造の間の増備車は再び転入車で賄った。

モハ700・サハ2100・2200形
モハ702・サハ2201・モハ701、
モハ706・サハ2111・モハ703

２編成が1975（昭和50）年２月に移籍、入線前に全金化済、４Ｍ２Ｔの６連で運用、他車と連結不能のため８連化できず1985（昭和60）年に廃車された。

モハ200形　200〜208
モハ500形　500〜502,509,510,518
（→503〜505に改番）
クハ2000形　2003（→2007に改番）、
2009〜2011

19両が、8000系登場までのつなぎ用として最後の移籍。すべて更新済みで、入線後前照灯２灯化改造、８連化で、モハ203→サハ2301、モハ505→サハ2302に改造、５Ｍ３Ｔで1990（平成２）年６月の旧型車全廃まで活躍した。

在来車の更新、装備改造、中間車化
モハ200、500、510、600、クハ2000、1603の固定編成化

３Ｍ１Ｔ編成９本を組成した。

車体更新

未更新で残っていたクハ20形20、22、29がサハ1108、1109、1110に、モハ20形27がモハ1105に、クハ2000形2017、2018がサハ1111、1112に、モハ500形503〜505、508がサハ1113〜1116となった。また1500形も更新を受け800形に似たスタイルに変わり250形に編入されたが、編成はクハ553・モハ254・モハ253・クハ554と、第１編成とは逆の組成となった。

8000系
モハ8000形　8001〜8036
クハ8500形　8501〜8518

1978（昭和53）年11月から1980（昭和55）年にかけて日本車両で製造、ブロック工法を初採用、６両固定編成、初の冷房車、前面は独特なスタイルの２枚窓、両開きドア。２次車からベージュにブラウン帯の新塗色を採用。従来車とは一線を画した新製車だった。2011（平成23）年から廃車が始まり、残りはリバイバルカラーとなった8512編成１本だったが、2021（令和３）年11月１日に廃車され形式が消滅した。新京成では末広がりの８が形式に取り入れられ、以後8800形、8900形、Ｎ800形、80000形と続いている。

800形

800形モハ805。新京成初の完全新車で、カルダン駆動、多段式制御器を持つ1M方式で、サハ850形と4両固定編成を組む。2次車からクハ850を増備した。京成3200形に似た前面デザインだが、窓の小さい片開きドア、グローブベンチレータなどが異なる。4＋2の固定編成、モハ先頭で使用された。
◎五香車庫
1973（昭和48）年4月30日

塗色変更、冷房化、運転台撤去されたモハ801。
◎京成津田沼
1992（平成4）年4月4日

収容力増加のため、中間車の運転台撤去、固定編成化が進められた、クハ866。
◎くぬぎ山車両基地
1993（平成5）年10月30日

駅間には畑が広がっていた。急カーブを走る800系6連。◎初富～北初富　1977（昭和52）年2月

冷房改造固定編成化された800形808。◎八柱～常盤平　2005（平成17）年6月13日

8000形と同じ塗色に変更されイメージ
チェンジしたモハ800形811。前面はま
だ改造されていない。
◎撮影地不詳　1978（昭和53）年12月

北総線に乗り入れた新京成モハ800形
モハ813の松戸行き列車。
◎小室～千葉ニュータウン中央
1991（平成3）年7月7日

8000形

新津田沼駅に到着した8000形の試運転列車。◎新津田沼　1978（昭和53）年12月

くぬぎ山車両基地に搬入された8000形8501。従来の800形から大きくイメージが変わった。
◎くぬぎ山　1978（昭和53）年12月24日

8000形は独自設計のモデルチェンジ車
として1978（昭和53）年に登場した。
◎くぬぎ山
1978（昭和53）年12月24日

京成津田沼駅から見た4本の列車の並び。◎京成津田沼　1998（平成10）年5月

塗色が変更された8000形クハ8506。◎八柱〜常盤平　1996（平成8）年10月29日

京成千葉線へ乗り入れを宣伝するラッピング編成。◎八柱〜常盤平　2006（平成18）年11月14日

京成千葉線に乗り入れた、新京成電鉄65年記念ラッピング列車。◎京成幕張本郷　2013（平成25）年1月12日

8000形中間電動車モハ8024。下枠交差式パンタを初採用した。◎京成津田沼　1992（平成4）年4月4日

京成津田沼駅の5番線に停車中の折り返し列車8000
形8502。◎京成津田沼　2009（平成21）年8月8日

塗装替えされたクハ8512。4本のマルーン帯は4市
（松戸、鎌ヶ谷、習志野、船橋）を表している。
◎八柱〜常盤平　2015（平成27）年1月

第5章　新京成の体質改善と躍進　139

新京成8000形8512編成は登場時の塗装に復元され、最後の1編成として2021（令和3）年11月まで運用された。
◎京成津田沼　2019（平成31）年3月

松戸に向けて発車した8000形が新津田沼までの単線区間に入る。◎京成津田沼　2009（平成21）年8月8日

第**6**章
北総開発鉄道の建設と開業

シルバー塗装でイメージチェンジした京急デハ1000形(初代)→北総7168。◎西白井　1991（平成３）年７月７日

6-01 千葉ニュータウンの足として

千葉ニュータウンの足として、二つのルートが計画された。一つが都営1号線延長で京成高砂から分岐し、鎌ヶ谷初富を経由し小室に至る路線、もう一つは都営10号線(現・都営新宿線)を本八幡から延伸して、鎌ヶ谷市初富から1号線ルート並行して小室地区に至る千葉県営鉄道として着工したが、計画は途中で挫折し実現しなかった。

北総開発鉄道は1号線ルートの建設に向けて、1972(昭和47)年5月に第三セクターとして設立された。1979(昭和54)年3月新鎌ヶ谷信号所〜小室間が開通し、連絡線を設置して新京成線松戸駅へ仮乗入れを開始した。1995(平成7)年4月に印西牧の原に延伸、2007年住宅・都市整備公団(現・都市再生機構 GU)により印旛日本医大まで開業した。千葉ニュータウンは、近年大型店舗の出店が続き、"住みよい街ランキング"の上位に入るなど注目されている。

6-02 ユニークな「げんこつスタイル」の7000形

7000形
7001・7101・7102・7103・7104・7002
7003・7111・7112・7113・7114・7004
7005・7121・7122・7123・7124・7006

1979(昭和54)年3月、日本車両、川崎重工、東急車両製4M2T、スキンステンレス、WN駆動、界磁チョッパ、車体の前部がΣ形で「げんこつ電車」と呼ばれた。車体外装にカラーフィルム初使用。固定窓、釣り手(後年取付)、カーテンを廃止、1990(平成2)年7201〜7206を増備のMMユニットを挿入し8両化された。増備車は省エネや長時間停電時を考慮して2段開閉式窓となった。1992(平成4)年から先頭車の電動車化改造、釣り手設置が行われた。2007(平成19)年7500形と交代に廃車された。なお、7000形は1980(昭和55)年鉄道友の会ローレル賞を受賞し、同年8月10日授賞式が開催された。

6-03 北総開発鉄道の増備車両

7000形に続く増備車は、京成、京急からのリース方式で行われている。

京成車は京成の新標準色であるシルバーホワイトをベースに、帯色を濃淡の青に代えた塗色に変更された。

7050形
7051〜7054(京成モハ3163〜3166)
7055〜7058(京成モハ3167〜3170)
7061〜7064、7065〜7068(京成モハ3171〜3174、3183〜3186)
7071〜7074(京成モハ3175〜3178)

7150形

(京急初代デハ1000形)塗色はシルバー・青帯、1994(平成6)年に4両編成はカラードア化。
7151〜7154(京急デハ1118, 1117, 1108, 1107)
7155〜7158(京急デハ1008, 1007, 1006, 1005)
7161〜7168(京急デハ1112, 1111, 1116, 1115, 1110, 1109, 1114, 1113)

7250形
7255〜7258。7251〜7254(京成モハ3221〜3224、3233〜3236)

7260形
7261〜7264、7265〜7268(京成モハ3305〜3308、3313〜3316)

第7章
住宅・都市整備公団線

まだ大型商業施設など建設以前の北総線を走る住都公団2000形列車。
◎千葉ニュータウン中央～小室　1991（平成3）年7月7日

7-01 住宅・都市整備公団千葉ニュータウン線

住宅都市公団は1978（昭和53）年から千葉ニュータウン事業に参画し、千葉県が着手し中断していた10号線延長ルートのうち小室～印旛松虫間の免許を譲り受け、小室～千葉ニュータウン中央間4.0キロの建設進め1984（昭和59）年3月完成させ、北総線・新京成線への乗り入れを開始した。この区間は北総が旅客営業を行い「北総・公団線」となった。

住都公団は2004（平成16）年に都市再生機構に改組され鉄道施設、車両は、千葉ニュータウン鉄道に譲渡され、運営は北総鉄道が当たっている。

7-02 住都公団の車両

住都公団9000（←2000形を改称）
9001～9008、9011～9018

1984（昭和59）年3月　小室～千葉ニュータウン中央間4,0キロが開業し、住都公団が9000形2編成を新製した。日本車両製スキンステンレス4M2T（両先頭車クハ）、界磁チョッパ制御、機器は北総7000形と共通。1990（平成2）年に中間車MMユニットを挿入8連化された。翌1991（平成3）年北総2期工事完成、京急に乗り入れで先頭車のM車化・中間車のT車化改造、乗り入れ先の京急2000形と番号が重複するため9000形に改称、9008編成は2013年に、9018編成は2017（平成29）年廃車された。

北総開発鉄道開業前の試運転

200形モハ206。北総線の開業当時、新鎌ヶ谷駅は未開業で信号所だった。上り方に新京成への連絡線が設けられて、松戸へ仮乗入れが行われていた。将来のホーム用地に停車中の新京成200形。
◎新鎌ヶ谷信号所　1979（昭和54）年3月4日

200形モハ205。北総線の1期工事の終点は、左側線路の突端までで松戸行きの列車は、右側2線の連絡線を下って新京成線に乗り入れていた。
◎新鎌ヶ谷信号所
1979（昭和54）年3月4日

7000形

新鎌ヶ谷信号所で発車を待つ開業祝賀列車、
将来に備えてホームの躯体は施工済みだった。
◎新鎌ヶ谷信号所　1979（昭和54）年3月6日

独特なスタイルの7000形の正面。フランス国鉄
の電機と同様の「げんこつスタイル」だった。
◎新鎌ヶ谷信号所　1979（昭和54）年3月6日

開業祝賀列車が快走、線路の両側は「成田新幹線」と都営10号線（現・新宿線）延伸の千葉県営鉄道用地だった。
◎西白井～小室　1979（昭和54）年3月6日

北総開発鉄道の開通祝賀列車。新鎌ヶ谷は未開業で信号所だった。◎新鎌ヶ谷信号所　1979（昭和54）年3月6日

7000形の走る線路の両側は計画が挫折した鉄道用地で、後年道路用地に転用された。◎白井　1979（昭和54）年3月8日

京成曳舟駅を発車した印旛日本医大行きの北総7000形7004。地平時代のこの駅には改札が4か所あった。この年に北総開発鉄道から北総鉄道に会社名が変更された。◎京成曳舟　2004（平成16）年11月23日

新京成線に乗り入れて松戸を目指す北総7000形7006。◎常盤平～八柱　1986（昭和61）年3月

京成高砂駅に進入する7000
形西白井行き普通列車。
◎京成高砂
1993（平成5）年5月

8両化の増備車では、客室窓
が2段開閉式に変更となっ
た。写真は7203のサイド
ビュー。
◎京成高砂
1993（平成5）年5月

7000形の室内、つり革無し、
固定窓が特徴だった。
◎西白井
1979（昭和54）年3月6日

7050形

京急線内を走る北総7050形7074の急行羽田空港行き。◎平和島　2000（平成12）年8月27日

北総7050形7051先頭の乗り入れ列車が、京成高砂駅に進入する。◎京成高砂　2000（平成12）年3月8日

7150形

沿線開発途上の北総線を快走する7150形、最後部は7158。◎千葉ニュータウン中央〜小室　1991（平成3）年7月7日

北総線では7150形4両編成で、カラードアを試用した。同系色でドア1枚ごとに濃淡が変わっていた。
◎千葉ニュータウン中央　1995（平成7）年3月26日

北総7150形は元京急デハ1000形のリース車で、新しい装いで活躍を開始した。◎新柴又　1991（平成3）年3月31日

カラードアの色は青系,緑系,黄系,ピンク系が、車両ごとに左右両面に塗られて、濃淡のグラデーションがあった。
◎千葉ニュータウン中央　1995（平成7）年3月26日

7250形、7260形

北総7250形7251が京成高砂駅に到着する。ここは都営、京急など乗り入れ各社の車両が見られるスポットだ。
◎京成高砂　2004（平成16）年

ほころび始めた桜を横目に快走する7260形7261。◎西白井〜白井　2013（平成25）年3月24日

北総7260形は京成3300形のリース車。
◎印旛車両基地　2008（平成20）年8月3日

車両基地に憩う北総7260形7261。
◎印旛車両基地　2009（平成21）年8月8日

9000形 (2000形改称)

京成高砂駅で行き交う乗り入れ列車、住都公団2000形2002と都5000形5085。
◎京成高砂　1991（平成3）年3月10日

新京成線内を走る乗り入れの住都公団の2000形と、新京成800形のすれ違い。◎八柱〜常盤平　1986（昭和61）年１月

新京成線との連絡線を下る松戸行きの2000形2102。松戸への乗り入れは1992（平成４）年４月まで行われた。
◎新鎌ヶ谷信号所　1990（平成２）年７月７日

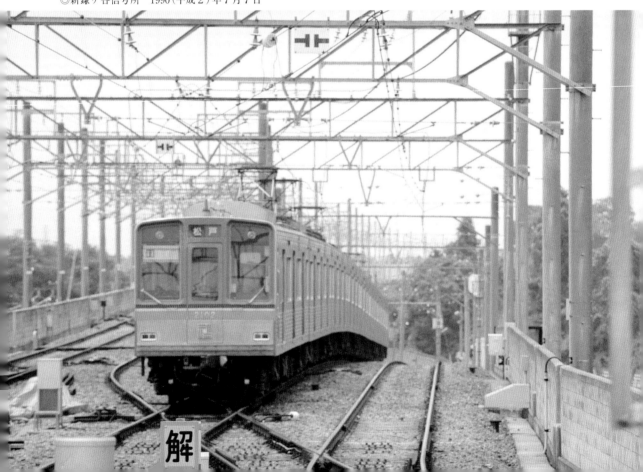

住都公団2000形2102は窓配置が変
わっている。中央部は固定、両側は
開閉できる。
◎千葉ニュータウン中央
1984（昭和59）年３月10日

住都公団2000形2702。中央部の
３連窓の中央細窓は、両側窓に
カーテン使用時にも外が見える
ようにとの配慮という。
◎京成高砂
1991（平成３）年３月23日

住都公団2000形の試運転列車
の正面。
◎千葉ニュータウン中央
1984（昭和59）年３月10日

京急線の羽田空港行きの特
急運用に就く住都公団9000
形。
◎品川
1998（平成10）年12月20日

新京成との連絡線は北総2
期工事の完成で、京成線・都
営地下鉄線・京急線への新
ルートが完成し、1992年（平
成4）年7月直通運転が廃止
された。右側の行き止まり
の線路が160ページ下の写真
の連絡線。
◎新鎌ヶ谷
1994（平成6）年10月8日

荒川橋梁工事中の八広駅を
発車する9000形9018。列車
後方に新しい橋梁が見える。
◎八広
1996（平成8）年11月13日

北総春まつりマークを付けた住都公団9000形9018。
毎年趣向を凝らしたマークが人気だ。
◎印旛日本医大　2013（平成25）年3月24日

住都公団2000形は乗り入れ
先の京急と車号が重複する
ため、9000形に改称された。
◎印旛車両基地
2009（平成21）年8月8日

住都公団9000形9012のサイ
ドビュー。
◎印旛車両基地
2009（平成21）年8月8日

京成・新京成・北総・住都公団　車両一覧表　その2

社名	構造	形式	番号	輌数	製造初年	製造	車体長	台車	主電動機	駆動方式	制御方式	制動方式	改造・更新・冷改	廃車	転属・リース	転属後車号	廃車・返却	備考
京成	全金属製	モハ3000	3001~3014	14	1958	日車	18,000	KS-114	TDK810-2D 75KW×4	TD	ES-565D	HSC-D	・屋根改造 普通屋根化 ・更新1977~1978 ・前照灯シールドビーム2灯化 ・幌装脱式化 ・4両固定化(分割可能) 運転台撤去	1991	千葉急行リース	3071~3074 3067~3070	1996	・新製時 青電色 ・M1+M2方式 ・1959改軌改造 ・1960乗り入れ対応改造 塗色変更 応荷重装置 運転台撤去3002・3003 ・3006・3007 ・3009~3014
								FS-318	MB3028-D 75KW×4	WN								
		モハ3050	3051~3076	26	1959	日車 汽車 帝車	18,000	FS-329	MB3028-E 75KW×4	WN	ES-565C	HSC-D	・屋根改造 モニター屋根を普通屋根化 ・更新1976 前灯2灯化 4両固定化 行先表示器	1995	千葉急行リース	3071~3074 3067~ 3070	1996	・新製時より標準軌 ・赤電色 ・応荷重装置装備 ・改軌完成区間から運用開始
								KS-116	TDK810/4F 75KW×4	TD								
		モハ3100	3101~3116	32	1060	日車 汽車 帝車	18,000	KS-116 KS-116A	TDK810/4F 75KW×4	TD	ES-565C	HSC-D	・屋根改造 モニター屋根を普通屋根化 ・更新1980年 4両固定編成化 ・冷房改造 ・行先表示器取付	1998	—	—	—	・前照灯2灯化 ・急行灯尾灯切替え式 ・金属ばね台車 ・運行番号表示器内化
								FS-329A	MB3028-E 75KW×4	WN								
			3121~3136					KS-116 B	TDK810/4F 75KW×4	TD					千葉急行リース	3121,3122, 3125~3128 ・千葉急行解散→ 京成千原線となり 京成復帰	1998 解散	・空気ばね採用 ・中間連結器 横連結器 ・KDK マーク Keisei に
								FS-329B	MB3028-E 75KW×4	WN								
		モハ3150	3151~3190 3191~3194	44	1963	汽車 日車 帝車	18,000	KS-116C	TDK810/4F 75KW×4	TD	ES-565C	HSC-D	・行先表示器取付 ・1972年3191~3194 ロングシート化	1995 ~2003	千葉急行リース	(3163~3170) →7051~7058, (3171~3174) →7061~7068, (3159~3162) →7071~7074, (3187~3190) →7081~7088, (3179~3182) →7081~7088, (3159~3162) →7091~7094.	2015	・4両固定編成 ・両端車貫通幌取り付け式 ・3191~3194は セミクロスシート ・斜め字は千葉急行 解散後→京成千原線 となり京成に復帰
								FS-329C	MB3028-E 75KW×4	WN								
		モハ3200	3201~3220 3221~3224		1964			FS-361	MB3028-E 75KW×4	WN		HSC-D	冷改・更新1985~1989年、10両 の運転台撤去	2003 ~2004	—	—	—	・客室扉1300ミリ両開きで ・運転台床上工 ・3201~3220 8M車 ・3221~3224 6M試作
								KS-121	TDK810 75KW×4	TD								
			3225~3280	88	1965	汽車 日車 帝車	18,000	FS-361A	MB3097-C 100KW×4 100KW×2	WN	ES-566C	HSC-D	6両固定化、 の運転台撤去	2004 ~2006	北総 リース	(3233~3236) →7151~7154 (3121~3124) →7155~7158	—	・3225以降6M車 ・6両化運転台撤去3221 ・3228・3229・3236 ・3237・3244・3245 ・3252・3253・3260
			3291~3298 客室扉片開き セミクロス シート 3292・3296 トイレ付					KS-121A	TDK816A 100KW×4 100KW×2	TD			・ロングシート化 ・3291~3294 VVVF改造 ・3291,3294Tc化 ・外嵌め式窓改造	2004	—	—	—	・1991年塗色試験 3205~3220 ・4連4本

社名	構造	形式	番号	輛数	製造初年	製造	車体長	台車	主電動機	駆動方式	制御方式	制動方式	改造・更新・冷改	廃車	転属・リース	転属後車号	廃車・返却	備考
京成	全金属・鋼製	モハ3300	3301-3316	54	1968	東急 汽車	18,000	FS-361A	MB3097-C2 100KW×4 100KW×2	WN	ES-575D	HSC-D	・冷改1984～1987年 ・3313-3316 クロスシート試験	3329,3330 2003年 事故 ・2015	北総 リース	(3305-3308) →7261-7264、(3313-3316) →7265-7268	2015	・6M方式 ・空気ばね台車
								KS-121A	TDK816A 100KW×4 100KW×2	TD								
			3317-3356		1969	日車		KS-131	TDK816-A1 100KW×4 100KW×2	TD			・6両固定化 ・6両運転台撤去(3317・3321・3325 ・3332・3336・3340) 1989年先頭車振替	—	—		—	・6M方式 ・金属ばね台車 ・行先表示器設置 ・リバイバルカラー3種
								FS-329D	MB3097-C2 100KW×4 100KW×2	WN								
京成		3000系(流電合計輛数)		258														
	全金属製・鋼製	AE-1	AE-1～AE-10 AE-61～AE-70 4～7号車次	42	1972	東急 日車	18,000	FS-383 Tc車 FS-083	TDK-8500A 140KW×4	WN	ES-766AM	MBS MBS-R	・組換えで8両編成化 ・3400形に機器流用して改造	1995	—	—	—	・1、10号車Tc ・界磁チョッパ制御 定速運転 AE29は一代目
	全金属製・ステンレス	モハ3500	3501-3582 3589-3592	96	1972	東急 日車 汽車	18,000	6M方式 M台車 FS-389	MB3097-C2 100KW×4 100KW×2	WN	ES-575C	HSC-D	・2,4,6,8連に組替	未更新車 2017年	芝山 リース 2013		—	・平妻・冷房車 ・スキンステンレス ・前面車号内側表示
			3583-3588 3593-3596		1980	東急 日車		T台車 FS-089	100KW×4 100KW×2	TD				・2018年より更新車も廃車進行中		3537-3540 車号・帯色変更なし		・全ステンレス
			(3501-3556) 更新車	—	(1996 ～ 2001)	—			—	TD			前面折妻・窓拡大、客室窓2連 大型化 先頭車台車入れ替え スカート取付					
	鋼製	モニ10	11、12	2	1968	大栄	17,150	UD-16 →FS-28	HS-257A 112KW×4	吊掛	ES-511B	HSC	—	1999	—	—	—	・片運転台 ・ホッパー形荷台 ・旧210型機器流用
新京成	全金属・鋼製	モハ800	801-818	18	1971	日車	18,000	FS-329-S2	MB3183A 120KW×4	WN	ABFM-124	→HSC-D	先頭車貫通扉廃止 運転室撤去 行先表示器取付 前・尾灯移設 冷房改造	2010	北総	806F 松戸乗入れ用 1991-1992年 (乗入れ中止により 買戻し)	—	・4両+2両→8両固定 中間車化 807・808・816-860・863-866・867
		サハ クハ850	851-868	18				FS-329-S1	—	—	—	→HSC-D						
		モハ8000	8001-8008 8009-8036	36	1978	日車	18,000	FS-329-S2 FS-329-S3	MB3232A MB3232A 110KW×4	WN	ABFM-118	HSC HSC-D HSC-R	・2008年～ 界磁チョッパ化 ・2010年VVVF改造 ・完成車入れ改造 誘導無線アンテナ	2021	—	—	—	・6両固定 ・両開き扉 ・電気ブレーキ ・冷房搭載 塗色変更4回 8018編成
		クハ8500	8501-8518	14				FS-329-S1	—	—	—	HSC-S1						・6両固定

社名	構造	形式	番号	輌数	製造初年	製造	車体長	台車	主電動機	駆動方式	制御方式	制動方式	改造・更新・冷改	廃車	転属・リース	転属後車号	廃車・返却	備考
北総	ステンレス	7000	7001-7006 7101-7104・7111-7114 7121-7124 7201-7206	24	1979	川重 日車	18,000	HS101M車	TDK8640-R MB-3231-AC 130KW×4	M	ACRF-H8130-77M	HSC-R		2006	—		—	・スキンステンレス ・前頭部Z形 ・塗装に代えるカラーフィルム初採用 ・固定窓熱線吸収ガラス ・カーテン・吊皮省略 ・界磁チョッパ ・1980年ローレル賞受賞 ・増備車(斜字)は2段開閉窓
					1990			HS001T車	—	—	—		・1991年吊皮設置 ・1992年先頭車Mc化 7100形末尾2・3をT化 ・7001西白井に保存					
	全金属・鋼製	7050	7051-7054 7055-7058 7061-7068 7071-7074 7081-7088 7091-7094	32	1963 (1995)	帝車 日車	18,000	KS-116C	TDK810 75KW×4	TD	ES-565C	HSC-D			京成 リース	3163-3166 3167-3170 3171-3174 3175-3782 3183-3186 3187-3190・3179-3182 3159-3162	2003	塗色 グレー/青帯に変更
								FS-329C	MB3028-E 75KW×4	WN								
		7150	7151-7154 7155-7158 7161-7168	16	1962 1959 (1991)	川車	18,000	OK-18 TS310	MB3028-E 75KW×4 TDK810 75KW×4	WN TD	CB-14C ES566 B	HSC-D			京急 リース	1005-1008 1107-1118	1998	塗色 銀色/青帯に変更 7151-7158カラードア
		7250	7251-7254 7252-7254	8	1964 (2003)	帝車 汽車	18,000	FS-361A FS-361A	MB3097C 100KW×4 TDK816A 100KW×4	WN TD	ES-575A・B	HSC-D			京急 リース	3233-3236 3221-3224	2006	塗色 グレー/青帯に変更
		7260	7261-7264 7265-7268	8	1968 (2006)	汽車 日車	18,000	KS-121A FS-361A	TDK816A 100KW×4 MB3097C 100KW×4	TD WN	ES-575D	HSC-D			京急 リース	3305-3308 3313-3316	2015	塗色 グレー/青帯に変更
旧千葉公団T	ステンレス	9000	9001-9008 9011-9018	16	1983	日車	18,000	KHS001 KHS101	TDK8640-R MB-3231-AC 130KW×4 —	WN —	ACRF-H8130-77M —	HSC-R	・1991年 先頭車Mc化、2300・2600T化	2017	—	—	—	2000形を改称 1990年8両化 4・5号車(M車)増備

注：製造初年欄の( )内はリースまたは譲渡初年

166

あとがき

　中巻では、京成にとって世紀の大事業だった改軌工事を無事故で終了し、転機となる地下鉄乗り入れを実現した。最新装備の3000系「赤電」・空港特急AE形の新造、空港新線の建設と、大型投資が進んだ。しかし、空港反対運動や国の方針にふりまわされ、関連事業の不振や競合路線の影響から経営危機にさらされた。思い切った再建策が奏功して、新たな時代の胎動を見ることになった。また、僅か2.5キロで開業した新京成電鉄も大発展を遂げた。こうした両社の変貌する姿と千葉ニュータウンの足として新発足した北総開発鉄道を紹介した。

　下巻では、千葉・市原ニュータウン開発に伴う「千葉急行電鉄」の開業から京成への譲渡、北総2期線の開業、成田空港ターミナルビル直下に乗り入れ開始、京急「羽田空港駅」の開業、さらに成田空港線(成田スカイアクセス線)の開業、新AE形の登場・160キロ運転・「アクセス特急」の運転開始など、創業して112周年を経て「日本の表玄関」として新時代を迎えた、京成グループの現在までをお伝えしたい。

2021年11月

【旧市川真間駅】
「市川真間駅」は1914(大正3)年に江戸川橋梁の完成で、「市川新田駅」として建設の1期工事の終点として開業した。戦前は2面4線(内1線は折り返し用)の追い抜き駅だったが、戦時中から内側2線使用となっていた。
1972(昭和52)年に、橋上駅舎を持つ追い抜き駅に改築された。イラストは改築前の旧駅。(イラストは長谷川明)

【著者プロフィール】

長谷川 明（はせがわ あきら）

1934（昭和9）年東京生まれ。1956（昭和31）年東京都立大学卒業

大学時代より「東京鉄道同好会」、「交通科学研究会」を経て「鉄道友の会」に入会。同会東京支部委員、本部理事・監事を経て、現在は参与。1950年代初期から民間会社勤務の傍ら、鉄道車両の撮影・研究を開始し現在に至る。

【著書】

ネコ・パブリッシング「RMライブラリー」にて「1950年代の戦前型国電」上・中・下巻、「私鉄買収国電」、「1950年代の関西私鉄散歩」など。

電気車研究会「鉄道ピクトリアル」誌に、旧型国電・京成電鉄関係の記事・写真掲載多数。

フォト・パブリッシング『外房線 街と鉄道の歴史探訪』、『総武本線、成田線、鹿島線 街と鉄道の歴史探訪』等に写真提供多数。

【参考資料】

『京成電鉄85年の歩み』京成電鉄　1996年

『京成電鉄100年の歩み』京成電鉄　2009年

『新京成電鉄50年史』新京成電鉄　1997年

「鉄道ピクトリアル」電気車研究会　各号

「鉄道ファン」交友社　各号

RMライブラリー

『京成赤電ものがたり』石本祐吉　ネコ・パブリッシング　2012年

『昭和時代の新京成電車』石本祐吉　ネコ・パブリッシング　2013年

『大榮車輌ものがたり 上』 稲葉克彦　ネコ・パブリッシング　2014年

『大榮車輌ものがたり 下』 稲葉克彦　ネコ・パブリッシング　2015年

新京成線は京成津田沼から1955（昭和30）年に京成千葉線に乗り入れを開始したが、同年9月で廃止された。
◎1955（昭和30）年　撮影：大庭幸雄

京成電鉄、新京成電鉄、北総鉄道の写真記録

【中巻】赤電登場から成田空港開港の時代

2021年12月27日　第1刷発行

著　者……………………長谷川明

発行人……………………高山和彦

発行所……………………株式会社フォト・パブリッシング

　　　　　　　　　　　〒161-0032　東京都新宿区中落合2-12-26

　　　　　　　　　　　TEL.03-6914-0121 FAX.03-5955-8101

発売元……………………株式会社メディアパル（共同出版者・流通責任者）

　　　　　　　　　　　〒162-8710　東京都新宿区東五軒町6-24

　　　　　　　　　　　TEL.03-5261-1171 FAX.03-3235-4645

デザイン・DTP ………柏倉栄治（装丁・本文とも）

印刷所……………………株式会社シナノパブリッシングプレス

ISBN978-4-8021-3299-2 C0026